本书系西南政法大学校级项目
"新型城镇化与都市圈经济模式研究"阶段性成果。

成渝都市圈
发展战略研究

杨 勇 著

厦门大学出版社 国家一级出版社
XIAMEN UNIVERSITY PRESS 全国百佳图书出版单位

图书在版编目(CIP)数据

成渝都市圈发展战略研究/杨勇著. —厦门:厦门大学出版社,2016.11
ISBN 978-7-5615-5667-2

Ⅰ.①成⋯　Ⅱ.①杨⋯　Ⅲ.①城市群-城市发展战略-研究-四川省　Ⅳ.①F299.277.1

中国版本图书馆 CIP 数据核字(2016)第 169385 号

出 版 人	蒋东明
责任编辑	陈丽贞
封面设计	蒋卓群
印制人员	朱　楷

出版发行	厦门大学出版社
社　　址	厦门市软件园二期望海路 39 号
邮政编码	361008
总 编 办	0592-2182177　0592-2181406(传真)
营销中心	0592-2184458　0592-2181365
网　　址	http://www.xmupress.com
邮　　箱	xmupress@126.com
印　　刷	厦门市万美兴印刷设计有限公司

开本	720mm×1000mm　1/16
印张	11.5
插页	2
字数	180 千字
印数	1~1 000 册
版次	2016 年 11 月第 1 版
印次	2016 年 11 月第 1 次印刷
定价	42.00 元

厦门大学出版社
微信二维码

厦门大学出版社
微博二维码

前 言

　　都市圈既是城市和区域经济演进的必然产物,也是群体竞争时代的客观要求,更是重塑区际分工与协作的重要手段。党的十八大明确提出了新型城镇化发展理念,要求"科学规划都市圈规模和布局,增强中小城市和小城镇产业发展、公共服务、吸纳就业、人口集聚功能"。可见,国家高度重视完善和优化国家空间组织形式,都市圈已经成为新型城镇化的目标模式。通过完善都市圈空间结构,推动都市圈经济一体化,都市圈将在我国未来的社会经济发展中承担更为重要的角色,发挥更加重要的作用。新一轮的西部大开发、成渝经济区建设、城乡一体化发展、新型城镇化建设以及十八届三中全会以来的改革开放大潮,既对成渝都市圈发展提出了较高的要求,也为成渝都市圈发展创造了良好的机遇和条件。我国正以成都、重庆两座西部大城市为核心,逐步形成和完善"点—线—面—体"的城市等级体系,夯实成渝地区城乡一体化的发展根基,打造具有国际竞争力的都市圈。

　　都市圈是指在特定区域范围内云集相当数量的不同性质、不同类型和不同等级规模的城市,以一个或两个特大城市为中心,依托一定的自然环境和交通条件,不断加强城市之间的内在联系,共同构成一个相对完整的城市"集合体"。都市圈经济模式是以中心城市为主导,以城市等级体系为依托,将资源、要素、人口等有机结合起来,其最终发展目标是实现都市圈一体化发展。都市圈一体化发展就是要依托支撑体系,充分发挥各经济主体的力量,通过完善相关管理职能,将城镇内各城市密切联系起来。同时,各城市又将与自身紧密联系的小城镇和农村联系起来,与中心城市一道形成金字塔式的城市等级体系。都市圈内"农村—小城镇—中小城市—中心城市"的等级体系,使得都市圈内的联系更为紧密。

本书所指的成渝都市圈,包括重庆全域的38个区县和四川省的成都、德阳、绵阳、眉山、资阳、遂宁、乐山、雅安、自贡、泸州、内江、南充、宜宾、达州、广安等15个城市。两地在社会、经济、产业、文化、历史、资源、交通诸方面,有着十分紧密的依存和互补关系。两地合作共建长江上游经济带,是双方经济发展的需要,也是长江上游生态屏障建设和三峡库区环境治理保护的需要。同时,两地也是国家西部大开发战略规划的重点区域之一。建设成渝都市圈,无论是理论层面还是实践层面,宏观层面还是微观层面,都具有重要的战略价值。成渝都市圈既是实现国家"两个大局"战略的重要平台,又是西部参与国际竞争的战略门户;既是东部开发向西部推进的战略枢纽,又是西部地区科学发展的示范平台。

成渝都市圈是我国目前人口最多、面积最大的都市圈。成渝都市圈面积268 121平方千米,占全部城市面积的5.59%;在城市建设规模方面,成渝都市圈建成区面积达到2 967.5平方千米,占全部城市面积的7.52%。2014年年末,成渝都市圈实现地区生产总值416 908 202万元,占全部城市的6.15%;成渝都市圈是传统的老工业基地,具有很强的工业生产能力,2014年实现工业总产值530 575 263万元,是全国工业总产值的4.83%;成渝都市圈是我国重要的投资热点区域,2014年实现社会固定资产投资额

336 636 787万元,占全国社会固定资产投资额的7.09%,是我国经济发展的重要动力。

目前,成渝都市圈面临五个方面的发展困境。第一,中心城市辐射和集聚能力不足。从定量分析看,重庆、成都的经济势能指数都有很大程度的提高,但是与国内主要都市圈的中心城市相比,其经济势能仍然有待提升。与此同时,成渝都市圈是天然的双核都市圈,两大中心城市"双核"效应的发挥受到种种因素的抑制,存在内耗现象,竞争合作机制有待完善。第二,城市等级体系有待完善。成渝都市圈的城镇化总体水平不高,区域差距大,城市等级体系存在断层现象,副中心城市发育迟缓。第三,经济发展水平不高,产业层次低。成渝都市圈的产业层次仍然偏低,特别是第三产业发展相对滞后,在产业融合方面,仍然存在融合不足、同质化竞争居高不下等不足之处。第四,成渝都市圈的支撑体系更多地局限于城际铁路、高速公路等硬件基础设施建设,过于单一化,缺乏涵盖公共服务体系、企业服务体系和个人服务体系等在内的"立体化""无缝化"的支撑体系。第五,公共治理有待完善。成渝都市圈缺乏公共治理的理念,机制不健全,机构缺失,这使得都市圈的公共治理成为空谈。

培育成渝都市圈,打造中国"第四极",可以从以下五个方面入手:

第一,明确发展定位,强化规划支撑。一是要明确成渝城市群"中国第四极"的发展定位,二是要建立由成都和重庆及各地级市政府负责规划的领导和有关专家组成的成渝都市圈规划建设协调小组,三是要逐步建立"总体规划—专项规划—行动议程"三个层次的立体规划体系。

第二,创新合作模式,强化公共治理。一是要明确治理思路,弱化行政区划的经济功能，突出其社会管理和社会服务的功能；二是要创新合作模式，改善合作流程；三是要将合作范围拓展到林业、水土保持、城市绿化、城市园林、风景名胜区、生态廊道、铁路公路及水系绿化等领域；四是要搭建秘书处、规划委员会、专业委员会等管理机构，尽早建立共同发展基金；五是要完善公共服务，加速实现都市圈内部居民"同城同待遇"，促进经济社会发展成果全民共享。

第三，塑造中心城市，完善城市体系。一是构建以成都和重庆为焦点的椭圆形城市空间格局，打造"西部天眼"，凸显"中国第四极"之势；二是要塑造中心城市，增强重庆主城和成都的经济势能，提升集聚和辐射能力；三是要打造特大城市，修复城市等级体系的断层；四是要大力推动中小城市发展。

第四，尊重市场机制，促进产业融合。一是要打造若干次级大都市圈，推动成渝都市圈由"同构经济"向"集群经济"转变；二是要建设统一、开放、高效的市场体系，创造一个公平竞争、公开透明、真诚合作的市场环境；三是要完善企业服务平台，为都市圈企业提供信息、技术、管理等公共服务；四是要建设和完善以生产力促进中心为核心的跨行政区划协调新体制。

第五，完善支撑体系，增强辐射能力。一是要加强交通、通信、物流等基础设施建设；二是要完善能源保障设施；三是要完善社会保障措施，逐步实现成渝都市圈就业、社保同城化；四是要完善信息网络设施，加强信息资源的整合、利用；五是要重点推进规划体制、管理体制、共建共享机制、融资机制和价费机制等五大基础设施建设改革。

著者

目 录

第一章　绪　论

1.1 研究背景、目的及意义

1.1.1 研究背景

都市圈既是城市和区域经济演进的必然产物,也是群体竞争时代的客观要求,更是重塑区际分工与协作的重要手段。在经济全球化的格局中,未来城市的竞争不再是简单的个体竞争,而是都市经济区之间的竞争,是区域与区域之间的竞争。英国大伦敦地区、法国巴黎大区、德国柏林和勃兰登堡地区、荷兰兰斯塔德地区、日本三大都市区以及韩国首尔大都市区,均是都市圈发展模式的成功案例。面对激烈的外部挑战,城市个体在竞争中往往处于劣势,"联合"不仅可以提升区域整体的竞争力,更可以作为参与广域层面经济竞争的基本单元而获取更多的发展机会。

我国国民经济和社会发展第十一个五年规划纲要指出,"要把城市群作为推进城镇化的主体形态",而西部大开发战略提出要构建和加速发展成渝城市群。更为重要的是,党的十八大明确提出,坚持走中国特色新型工业化、信息化、城镇化、农业现代化道路,推动信息化和工业化深度融合、工业化和城镇化良性互动、城镇化和农业现代化相互协调,促进工业化、信息化、城镇化、农业现代化同步发展,这为我国都市圈经济发展创造了良好的机遇。同时,十八大提出了新型城镇化发展理念,并将"科学规划城市群规模和布局,增强中小城市和小城镇产业发展、公共服务、吸纳就业、人口集聚功能"。可见,国家高度重视完善和优化国家空间组织形式,都市圈已经成为新型城镇化的目标模式。通过完善都市圈空间结构,推动都市圈经济一体化,都市圈将在我国未来的经济社会发展中承担更为重要的角色,发挥更加重要的作用。另外,党的十八大提出,要加快完善城乡发展一体化体制机制,着力在城乡规划、基础设施建设、公共服务等方面推进一体化,促进城乡要素平等交换和公共资源均衡配置,形成以工促农、以城带乡、工农互惠、城乡一体的新型工农、城乡关系,这也为基于"点—线—面—体"城市等级体系结构的都市圈经济模式发展提供了前所未有的发展良机。

西部地区幅员辽阔,地广人稀,经济发展水平极不平衡,经济开发条件差异明显。城市作为地区经济发展的中心,无疑成为推动西部地区经济发展前进的基地。国务院批准的《"十五"西部开发总体规划》明确提出,西部大开发要实施"以线串点,以点带面"的重点开发战略。这里的点,指的是城市,更确切地说,这一规划提出了以大中城市为发展动力核心的城市推动区域发展的战略。在西部,以几个特大城市为中心,城市带经济初见端倪。法国地理学家简·戈特曼提出,城市带是多个大城市地区连接成一个巨型的、一体化的居住和经济活动的群集地带。根据我国学者的定义,城市经济带是经济地域通过劳动地域分工和经济地域运动综合作用而形成的一种经济地域形态,具有经济地带和城市地域系统的双重特征,是推动经济空间开发的重心。目前世界上已经形成了几大城市经济带,它们通过建立区域协调机制,将处于同一地区、具有共同发展目标的城市联系在一起,形成经济共同体,提高竞争能力。成渝城市经济带是在世界经济全球化、区域集团化潮流和本国经济发展的基础上提出来的。[1]

随着三峡工程的进行以及重庆直辖,以成都和重庆为中心的成渝城市经济带日益受到关注。由于其处于特殊的地理位置——长江上游,成渝城市经

---

[1] 李春艳.论成渝城市经济带建设及其发展措施[D].西南财经大学,2005.

济带与长江中游以及长江三角洲的发展关系十分密切,这一地区成为连接中西部、沟通长江上游与中下游地区的关键纽带。2007 年 6 月,国务院批准重庆市和成都市设立全国统筹城乡综合配套改革试验区;2011 年 5 月,国务院批复《成渝经济区区域规划》;2013 年 3 月,在全国"两会"期间,重庆和四川代表团又分别提出内容基本一致的《关于将重庆成都城市群建设成为引领西部地区发展的国家级城市群的建议》。根据此建议,成渝城市群包括重庆全域和四川省的成都、德阳、绵阳、乐山、眉山、资阳、内江、宜宾、泸州、自贡等 11 个城市,以及所辖的 73 个县(市)和 1 636 个建制镇,面积 18.3 万平方千米,2011 年城镇人口 3 868 万人。成渝城市群与成渝经济区范围有所交叉,而更集中于城市和城镇。这一提议顺应了城市群这一世界城市化的主流趋势,也是贯彻党的十八大报告精神的又一重要举措。

新一轮的西部大开发、成渝经济区建设、城乡一体化发展、新型城镇化建设以及十八届三中全会的改革开放大潮,既对成渝都市圈发展提出了较高的要求,也为成渝都市圈发展创造了良好的机遇和条件。以成都、重庆两座西部大城市为核心,逐步形成和完善"点—线—面—体"的城市等级体系,夯实成渝经济区城乡一体化的发展根基,打造具有国际竞争力的都市圈,已经成为学术界和政府广泛关心的问题。

1.1.2 研究目的

本书的研究目的包括:

第一,把握发展态势。在充分调研的基础上,较为准确地掌握成渝都市圈的发展态势,从总体上把握成渝都市圈的建设规模、经济规模等,较为准确地分析成渝都市圈的城市体系和空间结构,并清晰地分析成渝都市圈的产业分布、人口分布等,进而较为客观地把握成渝都市圈的发展态势。

第二,剖析主要问题。作为国家高度关注的发展区域,成渝都市圈持续获得国家政策支持,科学的顶层设计已经为成渝都市圈经济社会发展奠定了良好的基础。然而,成渝都市圈仍然存在诸多方面的问题和障碍,使得成渝都市圈的建设进程相对缓慢。因此,从城市主体塑造、支撑体系建设和管理职能完善等方面来详细分析制约和阻碍成渝都市圈经济社会发展的主要因素,有利于提出更为科学的发展建议。

第三,提出政策建议。国家连续出台《成渝经济区区域规划》《成渝城市群发展规划》《长江经济带建设规划》等,对成渝都市圈经济一体化具有较好的支撑和推动作用。本项研究旨在在这些国家政策和区域规划的基础上,借鉴国际国内发展经验,有针对性地提出促进成渝都市圈发展的对策建议。

1.1.3 研究意义

本书的研究意义体现在三个方面:

第一,具有较重要的现实意义。本项研究运用国内外都市圈经济理论研究成果,综合国内外都市圈建设实践经验,结合成渝都市圈经济社会实践,通过较好的发展诊断,针对性地提出政策建议,有利于促进成渝都市圈经济一体化,进而推动西部经济、国民经济快速、协调、健康和持续发展,具有较重要的现实意义和实践价值。

第二,具有较重要的借鉴作用。成渝都市圈具有自身的发展特质,以其为研究对象,既可以探讨内陆丘陵都市圈经济一体化的发展理念和应采取的措施,又可以研究和发展都市圈经济一体化的基础理论。通过对成渝都市圈的研究,既可以获得基于成渝都市圈特质的理论成果,又可以为其他都市圈发展提供必要的理论借鉴和政策借鉴,具有较重要的借鉴作用。

第三,具有一定的理论价值。通过对成渝都市圈的研究,有利于对都市圈建设的战略意义做更为深入的探讨;有利于对都市圈的经济主体、支撑体系、公共治理理论做进一步拓展;有利于促进广域产业集群、高铁经济走廊建设理论和实践的进一步突破。因此,本项研究的成果将有利于丰富区域经济学和城市经济学等学科的理论体系,具有一定的理论价值。

1.2 研究内容、思路及方法

1.2.1 研究内容

本书研究的内容可以概括如下：

1.都市圈的内涵、要素和意义。阐述都市圈的内涵和特征，阐述都市圈经济模式的核心要素，论述都市圈建设的战略意义，为本书研究提供必要的理论支撑。

2.成渝都市圈的范围、特质和价值。界定成渝都市圈的范围，分析成渝都市圈的主要特质，进而客观分析成渝都市圈发展的战略价值。

3.成渝都市圈的历程、现状和机遇。从合作平台和政策平台两个层面介绍成渝都市圈的发展历程；从发展规模、城市体系和支撑体系三个方面介绍发展现状；从新一轮西部大开发等七个方面介绍其发展机遇。

4.成渝都市圈的发展困境。从城市等级体系、产业发展、支撑体系等方面分析成渝都市圈发展面临的困境和问题。

5.成渝都市圈的发展对策。从发展定位、支撑体系、城市体系、公共治理和产业融合等方面提出加快培育成渝都市圈的政策建议。

1.2.2 研究思路

本书研究综合运用实地调研、问卷调查、数据挖掘等研究方法，遵循"实践—理论—实践"的研究路线，从西部大开发、新型城镇化的大背景入手，综合借鉴国内外相关研究成果和实践经验，结合成渝都市圈的发展实际，较为客观地把握成渝都市圈的发展现状，深入剖析成渝都市圈发展面临的各种制约因素和障碍，进而提出若干有利于加速成渝都市圈发展的对策建议。

本书研究的技术路线如图 1-1 所示。

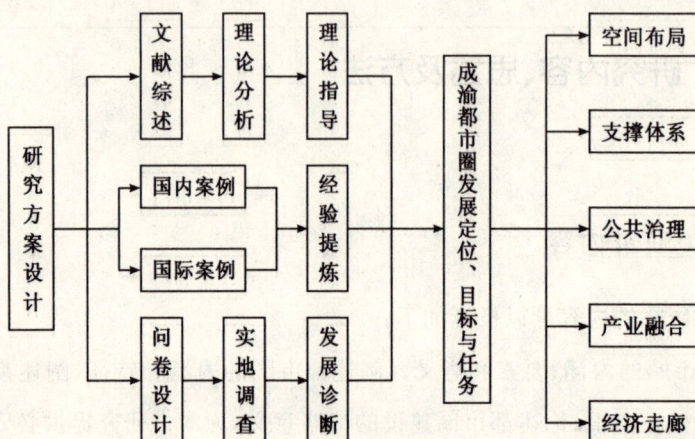

图 1-1　技术路线

1.2.3 研究方法

本书主要采用以下三种研究方法：

1.文献研究法。收集整理国内外都市圈的理论研究和政策实践成果，提炼都市圈的内涵、发展动因和生态系统特点，并总结国内外都市圈的发展经验。

2.比较研究法。通过成渝都市圈与国内"长三角"、"珠三角"、京津冀和"中三角"都市圈的比较分析，较为准确地把握成渝都市圈的发展态势，挖掘其经济一体化过程中面临的困境和挑战，提出适合成渝都市圈产业发展、交通体系和城镇体系发展的重点和空间布局。

3.专家咨询法。通过走访政府主管部门和相关研究机构，听取领导专家的意见建议，广泛征求发展建议，以此丰富和推进成渝都市圈的研究工作。

1.3 研究框架与篇章安排

1.3.1 研究框架

本书的研究框架,如图 1-2 所示。

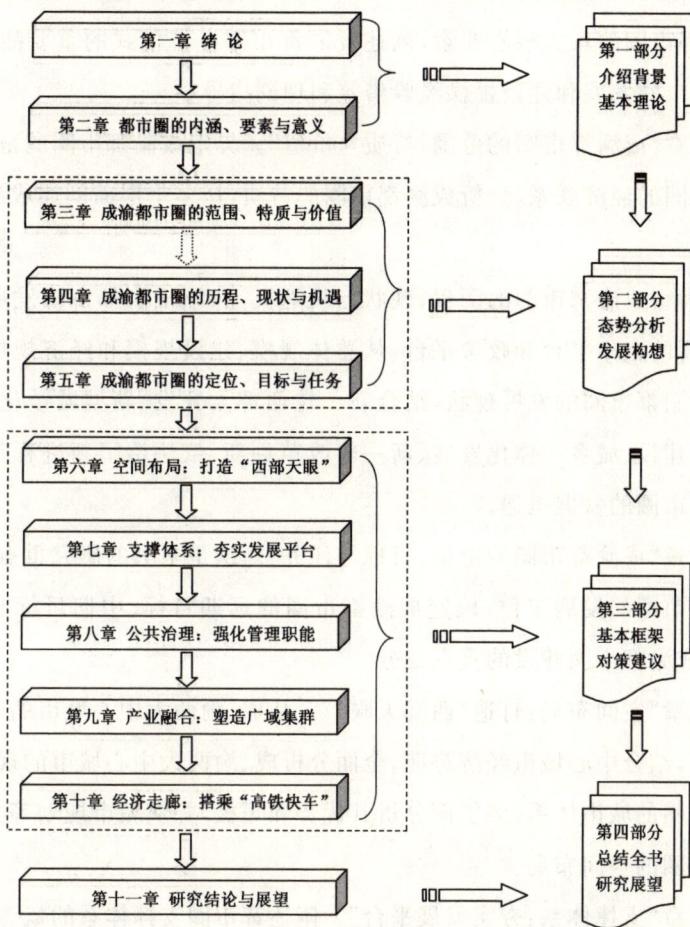

图 1-2 研究框架

1.3.2 篇章安排

本书共 11 章，篇章安排如下：

第一章"绪论"。介绍本书研究的背景、目的和意义；对成渝都市圈相关研究进行综述，提出研究思路、方法和技术路线等；介绍本书的研究内容、研究框架和篇章安排。

第二章"都市圈的内涵、要素与意义"。主要论述都市圈的基本内涵和特征，分析都市圈的三大核心要素，阐述发展都市圈经济模式的重要战略意义，为成渝都市圈发展和建设提供经验借鉴和理论指导。

第三章"成渝都市圈的范围、特质与价值"。界定成渝都市圈的范围，论述成渝都市圈的经济联系，分析成渝都市圈的特质，从多个层面阐述成渝都市圈的价值。

第四章"成渝都市圈的历程、现状与机遇"。介绍成渝都市圈发展阶段及历程、主要的合作平台和政策平台，从总体规模、建设规模和经济规模三个方面论述成渝都市圈的发展现状，结合新一轮西部大开发、新型城镇化建设、成渝经济区建设、城乡一体化发展、新一轮改革创新、依法治国新进程等方面介绍成渝都市圈的发展机遇。

第五章"成渝都市圈的定位、目标与任务"。这是本书的研究重点，旨在明确成渝都市圈的发展定位，确定成渝都市圈的远期目标、中期目标和短期目标，提出成渝都市圈建设的重点任务。

第六章"空间布局：打造'西部天眼'"。从成、渝两大中心城市的经济社会状况入手，结合中心城市经济势能，全面分析成、渝两大中心城市的现状；分析成渝都市圈的城市体系，多层面分析其优势和短板，并从城市规划等方面优化成渝都市圈的空间布局。

第七章"支撑体系：夯实发展平台"。阐述都市圈支撑体系的概念和作用，并据此分析成渝都市圈支撑体系的基本概况，剖析成渝都市圈支撑体系存在的问题，并从交通通信设施、能源保障、社会保障等方面研究完善成渝都市圈支撑体系的建设路径。

第八章"公共治理:强化管理职能"。论述都市圈公共治理的概念、目的和类型,提出成渝都市圈公共治理的思路和模式,结合国内外区域行政合作的理论和实践经验,提出成渝都市圈公共治理的实现路径。

第九章"产业融合:塑造广域集群"。介绍广域产业集群的基本内涵、主要特征和基本思路,提出成渝都市圈广域产业集群的建设构想,并从产业协调机制、区域共同市场、企业服务平台等方面提出成渝都市圈广域产业集群的建设路径。

第十章"经济走廊:搭乘'高铁快车'"。介绍高铁建设强化城际经济联系的国际经验,结合"成渝万"高铁建设,分析高铁建设加速城镇经济走廊的发展机遇,分析城镇经济走廊建设面临的主要问题,并提出城镇经济走廊的对策建议。

第十一章"研究结论与展望"。总结全书的研究工作和结论,提出研究的创新之处,并对相关研究进行展望。

第
二
章

都市圈的内涵、要素与意义

2.1 都市圈的基本内涵

2.1.1 都市圈的概念

都市圈是在城市化、信息化和工业化的基础上,区域经济发展达到一定的水平后,形成的以中心城市为主导、以城市等级体系为依托、以紧密的经济联系为特征的经济社会高度一体化的经济体。都市圈涉及三个方面的因素:①一个中心城市,因其独特的经济优势而具备很大的经济势能,通过对周边城市的辐射和吸引,实现互利共赢,它是都市圈形成和发展的关键所在;②中心城市周围存在的一批中小城市,这些城市与中心城市之间的交通便利,通信设施健全,共同构成都市圈的城市等级体系;③中心城市与中小城市的经济联系紧密,都市圈内部的经济功能逐步形成分工合作、互利共赢的局面。① 从空间形态上看,都市圈强调"点—线—面—体"式的空间结构。"点"是指群内包括中心城市在内的各级城市;"线"是指城市间特别是中心城市间的联系;"面"是指都市圈作为一个整体而实现的协同效应;"体"是指通过城市与农村的互动发展,促进城乡一体化。从发展定位看,为了实现规模经济,都市圈更加侧重于

---

① 杨勇. 都市圈发展机理研究[M]. 重庆:重庆出版社,2010.

在内部建立一套完整的生产体系,更强调群内的经济交流。

2.1.2 都市圈的特征

都市圈经济模式具有三大特征:

1.高度的集聚性。都市圈经济的集聚性表现在三个层面:第一,在都市圈层面,中心城市凭借其区位、制度和要素优势获得很高的经济势能,在实际经济运行中,中心城市获得了高于周边成员城市的经济效益,从而使其拥有很高的经济优势;第二,在区域层面,由于都市圈较高的经济效率,外围的人口、资金和技术等经济要素不断向都市圈集聚,形成要素的相对集中,使得都市圈在某一区域经济中占有较高的比例;第三,在国家层面,由于都市圈经济的持续发展,并逐渐形成群体优势,因而都市圈经济在一个国家内部经济中占有很大的比例。

2.高度的复合性。都市圈经济的复合性表现在三个方面:首先,现代城市网络和交通通信网络有力地推动了都市圈经济网络系统的发展,为都市圈内部各城市之间的经济联系提供了可能,也降低了经济运作的成本;其次,合理的分工体系的设计,使得各城市经济主体按照比较优势原则广泛进行专业化协作,使得分工从单一城市扩大到以都市圈为代表的区域分工协作;最后,都市圈超越了行政区域的限制,依靠市场机制的作用,本着互惠互利的原则,形成布局合理、特色明显、覆盖多个行政区的区域经济共同体。

3.动态的边界性。都市圈经济的形成和发展是区域内经济要素和经济活动集聚的结果,其大小规模主要取决于中心城市的经济实力、区域经济联系、交通条件等。极化和辐射作用程度的差异决定了都市圈内部各区域间经济联系的广度和深度。与行政区域范围的相对固定不同,都市圈的边界存在动态变化的可能,中心城市的经济势能的高低起伏,直接决定了都市圈半径的大小。同时,随着城市经济发展速度和质量的差异,都市圈内在结构也可能发生变化,原有的中心城市地位可能会受到周边城市的挑战,既定城市在都市圈城市等级体系中的地位、排序也可能发生变化,在都市圈内部分工体系中担当与以往不同的角色。[①]

2.1.3 都市圈的实质

我国城镇化体系发展大致经历了三个阶段:限制大城市发展、鼓励小城镇发展阶段(新中国成立到 2000 年),大中小协调发展阶段(2000—2005 年),城市群突出发展阶段(2005 年至今)。从总体上看,我国城镇化发展经历较长时间的探索和实践,逐渐探索出城市群体化发展的发展道路,并以都市圈战略推动我国新型城镇化发展,如表 2-1 所示。《国家新型城镇化规划(2014—2020年)》提出,要优化城镇化空间布局和城镇规模结构,在《全国主体功能区规划》中确定的城镇化地区,按照统筹规划、合理布局、分工协作、以大带小的原则,发展集聚效率高、辐射作用大、城镇体系优、功能互补强的城市群,使之成为支撑全国经济增长、促进区域协调发展、参与国际竞争合作的重要平台。构建以陆桥通道、沿长江通道为两条横轴,以沿海、京哈京广、包昆通道为三条纵轴,以轴线上城市群和节点城市为依托、其他城镇化地区为重要组成部分,大中小城市和小城镇协调发展的"两横三纵"城镇化战略格局。

都市圈是一个城市化水平和经济社会一体化程度较高的一种经济形态,其中有一个中心城市发挥着主导作用,中心城市依靠发达的交通通信网络与其周边城市和地区密切联系在一起,其间有密集的人员、资本和信息的交流在开放竞争的条件下,广泛地参与国际经济分工,成为国际经济体系的一个重要环节。都市圈是一个以城市为主导的区域,不受行政区划的限制,是在市场经济规律的作用下形成的,构成一个国家和地区经济社会的增长极。

---

① 杨勇.都市圈发展机理研究[M].重庆:重庆出版社,2010.

表2-1　城镇化体系的政策演变历程

阶段	时间	文件名	核心观点
限制大城市发展阶段	1955-09	国家建委给中央报告	今后新建的城市原则上以中小城市及工人镇为主，并在可能的条件下建设少数中等城市，没有特殊原因，不建设大城市
	1962-10-06	《中共中央、国务院关于当前城市工作若干问题的指示》	今后一个长时期内，对于大城市人口的增长，应当严格加以控制。计划新建的工厂应尽可能分散在中小城市
	1978	第三次全国城市工作会议	控制大城市规模，多搞小城镇
	1980-12-09	《全国城市规划工作会议纪要》	控制大城市规模，合理发展中等城市，大力发展小城镇
	1982	"六五"计划	控制大城市规模，合理发展中等城市，积极发展小城市
	1989-12-26	《城市规划法》	国家实行严格控制大城市规模，合理发展中等城市和小城市的方针
	1996	"九五"计划及2010年远景目标纲要	形成大中小城市和城镇规模适度，布局结构合理的城镇体系
	1998-10-14	《中共中央关于农业和农村工作若干问题的决定》	发展小城镇，是带动农村经济和社会发展的一个大战略
大中小协调发展阶段	2000-10	十五届五中全会	要走出一条符合国情，大中小城市和小城镇协调发展的多样化城镇化道路
	2001-03-15	《中华人民共和国国民经济和社会发展第十个五年计划纲要》	走大中小城市和小城镇协调发展的道路。有重点地发展小城镇，积极发展中小城市，完善区域性中心城市功能，发挥大城市的辐射带动作用，引导城镇密集区有序发展
	2002-11-17	党的十六大报告	要逐步提高城镇化水平，坚持大中小城市和小城镇协调发展，走中国特色的城镇化道路

续表

阶段	时间	文件名	核心观点
城市群凸出发展阶段	2005	《国家"十一五"规划纲要》	要把城市群作为推进城镇化的主体形态
	2007-10-15	党的十七大报告	以增强综合承载能力为重点,以特大城市为依托,形成辐射作用大的城市群,培育新的经济增长极
	2012-11-08	党的十八大报告	科学规划城市群规模和布局,增强中小城市和小城镇产业发展、公共服务,吸纳就业、人口集聚功能
	2013-12-13	中央城镇化工作会议	要优化布局,根据资源环境承载能力构建科学合理的城镇化宏观布局,把城市群作为主体形态,促进大中小城市和小城镇合理分工,功能互补、协同发展
	2014-03-16	《国家新型城镇化规划(2014—2020年)》	以城市群为主体形态,推动大中小城市和小城镇协调发展

资料来源:李圣军.中国城镇体系演变历程与新型发展模式[J].石家庄经济学院学报,2015,06:38-44.

都市圈经济模式是以中心城市为主导，以城市等级体系为依托，将资源、要素、人口等有机结合起来，其最终发展目标是实现都市圈一体化发展。都市圈一体化发展就是要依托支撑体系，充分发挥各经济主体的力量，通过完善相关管理职能，将城镇内各城市密切联系起来。同时，各城市又将与自身紧密联系的小城镇和农村联系起来，与中心城市一道形成金字塔式的城市等级体系。都市圈内"农村—小城镇—中小城市—中心城市"的等级体系，使得都市圈内联系更为紧密。都市圈一体化发展就是要统筹圈内的各种资源要素流，使其能够在都市圈的城市及其基体中有序流动、科学配置，并产生较高的社会经济效益，缩小城乡差异、区域差异，最终实现城乡一体化发展。

国内外经济发展实践表明，作为一种空间经济组织形式，都市圈已经成为最为重要的区域经济微观载体。在未来的经济发展中，都市圈将肩负区域经济围观载体的使命，成为中国未来国民经济分级分区调控体系的有效组织载体。

2.2　都市圈的三大要素

2.2.1　强大的中心城市

都市圈中心城市经济实力强大，市场范围广阔，服务功能齐全，信息交流频繁，辐射影响深远，容易发挥增长极的作用，带动都市圈中其他城市的经济，共同促进都市圈的经济发展。中心城市是一个都市圈综合竞争力的重要组成部分，取决于其经济实力的经济势能高低决定了在参与国际国内经济竞争的过程中，都市圈的群体竞争优势能否顺利发挥出来。中心城市对于周边城市的经济作用强弱以及圈内经济运行机制的科学与否，都直接影响着都市经济效应的体现。

2.2.2 完善的城市等级体系

都市圈城市等级体系是指都市圈内不同规模、不同等级和不同发育程度的城市通过各种通道有机联系而成的空间聚合体和综合集群体,它是都市圈城市体系的结构特征,是都市圈发育状况的直接反映。中心城市的功能和作用的发挥不能一枝独秀,它不仅要与区域经济发展水平相适应,也要与区域内城市规模结构体系、功能体系、分布体系的发展相协调。都市圈的发展在很大程度上取决于都市圈城市体系的完善与否,取决于中心城市的功能充分发挥与否。完善的城市等级体系将有助于优化都市圈的城市分工体系,实现经济快速、平稳的发展。

2.2.3 紧密的城际经济联系

都市圈的城际经济联系是以都市圈的城市为主体,基于城市间良好的交通通信设施而发生的经济联系,是都市圈经济得以形成和发展的基础。城际经济联系是都市圈经济的一个基本要素,也是都市圈经济发展中的具有动态性的关键要素。与中心城市和城市等级体系两大基本要素相比,城际经济联系具有很强的动态发展特点,城市间以"流"为特征的经济联系成为都市圈经济发展的动力所在。

2.3 都市圈的战略意义

2.3.1 都市圈是城市组团式发展的内在要求和现实选择

在经济全球化和区域经济一体化的背景下,都市圈是城市组团式发展的内在要求和现实选择,并已经成为重要的区域经济微观载体。都市圈的建设应同时注重中心城市和周边城市的建设,充分发挥中心城市"自上而下"的带动与辐射作用,调动周边城市的积极性,产生"自下而上"的呼应与能动作用,从而使都市圈内各城市之间普遍建立起密切的分工与协作体系,形成圈层结构,共同发展。发展协同化是都市圈成为区域经济微观载体的一大原因。所谓发展协同化是指都市圈以中心城市为核心,通过经济辐射和经济吸引,带动周围城市和农村联动发展,以形成一体化的生产和流通经济网络。内部中心城市与成员城市之间通过全球经济正进入一个新的群体竞争时代,国家之间、区域之间的竞争逐渐转化为有竞争力的城市和企业之间的竞争。都市圈既是城市和区域经济演进的必然产物,又是群体竞争时代的客观要求,发展都市圈也是重塑区际分工与协作的重要手段。都市圈内部城市联动发展,有利于增强其国际竞争能力,积极参与国际分工和国际竞争,进而保障中国经济的可持续发展。[①]

20 世纪 50 年代以来,随着世界性城市化进程的加快,城市地域空间及其影响范围发生了很大变化。在许多经济较发达的地区,大城市不断向周围空间扩散,并逐步发展成规模庞大的城市群。在工业化和城市化持续快速发展过程中,新的城市不断涌现,城市空间不断拓展,城市逐步由分散孤立到形成网络,甚至成群发展,群体城市化和产业集群现象更加突出,以致随着全球经济的一体化发展,城市群在全球竞争中的作用越来越大。[②③] 目前,由于城乡地域上的分割,诸如北京、上海、天津等特大城市"摊大饼"的现象随处可见,如何分散中心大城市的功能,加速周围城镇的发展,是我国都市圈空间发展需考虑的一个重要问题。都市圈成为我国新型城镇化发展的重要方向,也是城市组团式发展的内在要求和现实选择。李敏认为,随着全球经济一体化进程的不断加速,城市群在区域经济的竞争中扮演着越来越重要的角色,城市群的可

---

① 高汝熹,罗守贵.论都市圈的整体性、成长动力及中国都市圈的发展态势[J].现代城市研究,2006(8).

② 袁安贵.成渝城市群经济空间发展研究[D].西南财经大学,2008.

③ 孙静.成渝都市圈区域中心城市建设研究[D].西南大学,2009.

持续发展也成为一个国家或地区城市发展的必由之路。① 马永俊、胡希军认为,在经济全球化和区域经济一体化的浪潮中,都市圈体间的竞争和共生作用也越来越激烈。② 李和平、谭敏认为,我国许多城镇密集区的发展已经上升为国家战略,并作为区域社会经济发展的"大事件"而深刻地影响到城镇空间的发展。城镇密集区城镇空间的协调发展是实现区域一体化的必要条件和重要手段。③

2.3.2 都市圈是区域经济和国民经济可持续发展的基础

城市竞争力是一个城市在国内外市场上与其他城市相比所具有的自身创造财富和推动地区、国家或世界创造更多社会财富的现实的和潜在的能力。从经济社会发展一般规律看,城市是工业的载体,现代工业都是依托城市而展开的,产业链是城市经济和区域经济发展的生命线,解决城市扩张、人口膨胀、就业困难等问题,离不开产业结构优化配置和产业链形成。都市圈是分工扩大化的结果,扩大化的专业分工孕育了都市圈。然而,扩大化的专业分工是否会增加交易成本,抵消都市圈经济带来的规模效应呢? 实际上,依靠建立在都市圈内部良好的基础设施之上的紧密的经济联系,可以实现从"大饼经济"到"圈域经济"的飞跃。都市圈经济模式有利于优化产业结构和企业规模结构。商品生产的社会分工相应地导致了经济地域的分工,商品经济的发展必然带动商品交换和流通的扩大,市场必然要由狭小的地方性市场扩张到范围较大的圈域市场,继而向全国市场,进而向世界市场扩展和延伸。

圈域经济的发展为有效地建立合理产业结构和企业规模创造了条件,也

① 李敏.成渝城市群空间结构演化及分形研究[D].重庆大学,2011.
② 马永俊,胡希军.都市圈的共生发展研究——以浙中金华都市圈为例[J].经济地理,2006,02:237-240.
③ 李和平,谭敏.城镇密集区城镇空间协调发展的规划对策——以成渝城镇密集区为例[J].南方建筑,2010,04:59-64.

为区域经济、国民经济的可持续发展奠定了基础。空间集聚经济效益是经济活动在空间上地域集聚的根本原因，城市发展是社会经济活动及其要素追求集聚经济的结果，城市成为经济活动地域空间集聚的现实载体。而形成和发展城镇密集区及城市群（带）并使其高级化，可以在更大的地域范围内获得集约化效率。[①] 城镇密集区集约发展模式的选择是实现区域可持续发展的有效途径。[②] 城市综合承载力大小是衡量城市可持续发展能力的重要依据，城市综合承载力的不断提高是实现可持续发展的必要条件。提高城市综合承载力，不仅有助于城市的发展，也有助于城市周边区域的整体进步。成渝都市圈是我国西南地区政治、经济核心和交通枢纽，是行政、科研、信息、技术和工业的集中分布区。研究成渝都市圈城市综合承载力，促进成渝都市圈的可持续发展，不仅是控制首位城市过度膨胀，形成多级中心结构，发展更为有序合理的城市体系的需要，更是促进西部经济发展、推动西部大开发战略的需要。[③] 成渝都市圈作为现阶段中国西部地区规模最大、发展基础最好的都市圈，既是当前西部大开发的重点都市圈，又是未来十年甚至是几十年我国经济重要的增长点。[④] 部分学者认为，研究成渝都市圈的形成与发展，对于促进成渝地区乃至整个西部地区经济发展和社会进步具有重要的理论与实践意义。构建成渝都市圈的关键在于充分发挥集聚经济效应，实现都市圈的集聚、增生、扩散，努力搞好城市群的空间布局与专业化分工协作，实现共生、共享，最终实现经济一体化。[⑤]

---

① 王兴中.空间集聚经济与西部城镇密集区的发展[D].广西师范大学,2003.
② 谭敏,李和平.城镇密集区集约发展的空间选择与规划对策——以成渝城镇密集区为例[J].城市规划学刊,2010,05:111-117.
③ 高红丽.成渝城市群城市综合承载力评价研究[D].西南大学,2011.
④ 黄俊.城市群发展历程对比研究分析[D].西南财经大学,2011.
⑤ 钟海燕.成渝城市群研究[D].四川大学,2006.

2.3.3 都市圈是"一带一路"战略实施的重要载体

2015年3月,国家发改委、外交部、商务部联合发布了《推动共建丝绸之路经济带和21世纪海上丝绸之路的愿景与行动》,这标志着"一带一路"战略正式实施。"一带一路"战略是对当前国际经济社会文化形势的积极回应,它较好地顺应了国际社会积极发展的趋势,旨在通过构建更大的发展平台,为我国经济发展创造更为广阔的发展空间。在我国新型城镇化的大背景下,都市圈以其独有的特点和属性,成为"一带一路"战略实施的重要载体。都市圈通过中心城市的集聚和辐射效应,将周边城市有效地组织起来,成为一个有组织、有效率的有机整体,以中心城市为核心的"圈域经济"形成群体性的竞争优势。一方面,圈域内的资源空间优化配置,从而获得圈域经济的高效率增长;另一方面,各圈域之间的资源空间优化配置,以促进整个国民经济协调发展,从而取得较高的综合经济效益。

2.3.4 都市圈是促进经济增长方式转变的重要手段

都市圈是在市场经济规律的作用下形成的,它突破了行政区域的限制,是一个国家和地区经济社会的重要增长极。在开放竞争的条件下,都市圈广泛地参与国际经济分工,成为国际经济体系的一个重要环节。在经济增长方式转变的大背景下,都市圈经济以自身独特的经济理念,破解了粗放型经济增长中存在的诸多难题,从"中观经济"视角为经济增长方式转变提供了思路。其一,以中心城市为主导的都市圈经济发展,将形成一种良性的"点—线—面—体"群体性竞争格局,推动区域经济增长模式不断转变;其二,都市圈经济以市场机制为导向,有利于避免政府过度干预导致的资源浪费,提高资源配置效率,形成一种都市圈内部资源有序、高效配置的良性格局,使区域经济增长效率得以保证;其三,以竞合机制为基础的都市圈经济,打破了城市经济原有的地方割据状态,以利益关系为纽带,推进都市圈内部各城市的经济发展,形成了都市圈内部城市之间竞争合作的良好格局；其四，在全国范围内着力打造若干大都市圈，在各大都市圈内部以广域集群为重点构建完善的分工体系，在大都市圈之间设立相似的产业体系，必将改善全国范围内的产业布局和分工格局，实现国民经济全面、协调、可持续发展。由此，发展都市圈经济，有助于完善我国国民经济、区域经济空间布局，提升经济发展的效率，进而推动经济增长方式转变。①

---

① 杨勇. 发展都市圈经济，促进经济增长方式转变[N]. 重庆日报，2015-01-22.

第 三 章

成渝都市圈的范围、特质与价值

3.1 成渝都市圈的范围

3.1.1 范围界定

2011 年 1 月由住房城乡建设部、重庆市政府、四川省政府共同编制完成并联合印发实施的《成渝城镇群协调发展规划》提出的成渝城镇群范围为四川省、重庆市全部行政区域,而其中两省市人口城镇密集、社会经济联系紧密和地域相邻的地区是成渝都市圈核心区,为规划的重点工作区。从中可以看出,《成渝城镇群协调发展规划》着眼于四川和重庆两省市的全域,在这个基础上将区位良好、基础条件好的区域作为重点发展区域。

2011 年 5 月国务院出台的《成渝经济区区域规划》中,成渝经济区范围包括重庆市的万州、涪陵、渝中、大渡口、江北、沙坪坝、九龙坡、南岸、北碚、万盛、渝北、巴南、长寿、江津、合川、永川、南川、双桥、綦江、潼南、铜梁、大足、荣昌、璧山、梁平、丰都、垫江、忠县、开县、云阳、石柱 31 个区县,四川省的成都、德阳、绵阳、眉山、资阳、遂宁、乐山、雅安、自贡、泸州、内江、南充、宜宾、达州、广安 15 个市,区域面积 20.6 万平方千米。从中可以看出,《成渝经济区区域规划》的范围较《成渝都市圈协调发展规划》更加集中,包括了重庆市 40 个区县中的 31 个区县、四川省 18 个地级市中的 15 个。

2013 年全国"两会"期间,重庆代表团将《关于将重庆成都城市群建设成为引领西部地区发展的国家级城市群的建议》作为全团建议提交十二届全国人大一次会议,建议所指成渝城市群的范围为重庆全域和四川的成都、德阳、绵阳、乐山、眉山、资阳、内江、宜宾、泸州、自贡等 10 个城市,及所管辖的 73 个县(市)和 1 636 个建制镇,面积达 18.3 万平方千米。该建议所指的成渝城市群范围兼顾了重庆行政辖区,四川省更为集中,缩减为 10 个城市。

都市圈倡导以中心城市为主导,由于中心城市的经济势能有限,所以都市圈是有边界的;都市圈是以紧密经济联系为基础的,特别是尊重既有的紧密经济联系,所以都市圈范围的界定要尊重既有的经济活动。本书认为,将重庆全域纳入成渝都市圈范围具有一定的合理性,既有助于重庆区县的协调发展,也有助于增强成渝都市圈的整体实力,夯实其在全国经济发展中的地位和作用。而仅仅将四川的成都、德阳、绵阳、乐山、眉山、资阳、内江、宜宾、泸州、自贡等 10 个城市纳入成渝都市圈,排除与成都有紧密经济联系的雅安,以及与重庆有密切的、天然的经济联系的广安、达州、遂宁和南充,则不尽合理。

因此,本书所指的成渝都市圈,包括重庆全域的 38 个区县和四川省的成都、德阳、绵阳、眉山、资阳、遂宁、乐山、雅安、自贡、泸州、内江、南充、宜宾、达州、广安 15 个城市。

3.1.2 经济联系

四川省和重庆市两个区域在社会、经济、产业、文化、历史、资源、交通诸方面,有着十分紧密的依存和互补关系,两个区域合作共建长江上游经济带,是双方经济发展的需要,是长江上游生态屏障建设和三峡库区环境治理保护的需要,同时也是国家西部大开发战略规划的需要。

重庆是长江上游的经济中心,对长江上游地区的云南、贵州、四川、西藏等省份的经济有着重要的辐射带动作用。重庆地处长江上游嘉陵江和长江的交汇处,流域经济特征明显,因此,沿嘉陵江而上的川东北部地区——四川南充、广安、广元、巴中等市地是重庆经济向北的传统辐射区;沿长江而上的川南地区——四川的泸州、宜宾等城市是重庆经济向西南发展的重要方向和区域。

重庆直辖以前,川东北的达川、广元、南充、广安等城市和地区受重庆经济的影响,是重庆工业产品的重要市场。同时,川东北地区的达州、南充、广安等地区是重庆市需要的粮油、猪肉等农副产品的供应地。重庆直辖以后,行政区划的变动并未使四川和重庆经济相互影响和辐射的这种区域经济格局有多大改变。原来川东北的达州、广元、南充、广安、遂宁,沿长江的泸州、宜宾等地区,现已成为与重庆相邻的省际区域合作地区,今后这些地区将会继续受到重庆经济的强烈辐射。

川渝间除了政府间搭起的联系平台以外,民间自发的联合协作、经济往来、信息交通等的合作实践不断推进,合作的方式、方法、领域、成效以及活跃程度,已经随着川渝经济的发展日渐深入。

3.2 成渝都市圈的特质

3.2.1 川渝文化一脉相承

总体上而言,川渝两地文化一脉相承,文化认同感强,区域合作具有较强的文化支撑。四川和重庆地理相近,山水相连,血脉同源,两地不仅具有天然一体的自然资源关系,更有悠久的经济、社会和文化联系,组建成渝经济区,既有历史的必然性,又有现实的可能性,是双赢的选择。四川和重庆经济联系源远流长。重庆和四川古称巴蜀,巴蜀子民多同源于四川资阳人。两地行政上长期是一家,新中国成立至今,川渝行政上一家长达48年。历史上,四川以农业发达、手工艺先进而闻名;重庆则以水运兴盛而成为长江上游地区的重要物质集散中心。古蜀地因有成都平原而成为我国较早的农业先进地区之一。古巴国先民以狩猎为生,约在春秋时期,受蜀地影响,致力于农业并成为主要生产部门;而四川和重庆的酿造技术多由巴国传入。水上通道把历史上的四川和重庆紧密联系起来。

3.2.2 流域经济源远流长

成渝都市圈主要分布在长江上游干流和嘉陵江、乌江、岷江、沱江等主要支流的中下游地区,城市和产业绝大部分都是沿江分布,是一种典型的流域经济。长江黄金水道是整个区域的战略大通道,也是西部东向最大的出海口,在内陆地区是独一无二的。因此,如何充分开发和利用长江黄金水道的作用,依托重庆寸滩等枢纽港和出口加工区这一得天独厚的优势,大力发展临港经济,打造西部最大的现代物流中心,推动外向型经济发展,是关系成渝都市圈及整个西部开发的重大战略性举措。

3.2.3 产业发展特点鲜明

成渝都市圈的产业发展呈现出三个显著的特点:其一,得天独厚的自然资源与资源加工型的产业相互依存。成渝都市圈及其辐射区矿产、水利、生物、历史遗存及自然景观资源富集,综合资源禀赋在全国可谓得天独厚。正是这些资源优势,奠定了成渝都市圈资源加工型的产业特点。这既是成渝都市圈有别于其他都市圈的优势所在,也与"长三角""珠三角"等形成了产业互补。其二,川渝两地在资源和产业以及其他生产要素方面存在相当强的互补性。成渝都市圈资源的分布既赋存各异,又共生交叉,不可截然分开,各有优势。虽然四川和重庆的产业结构各有优势和特色,但在基本面上,互补性强,如能源产业,机械工业等。其三,成渝都市圈是我国军事工业最密集分布的区域。抗战时期和"三线建设"时期建成的一大批在当时的历史条件下装备精良、人才集聚的军工企业,是成渝都市圈民用产业发展的重要物质技术基础。其四,重庆是全国六大老工业基地之一。重庆工业基础强,有望通过推进老工业基地改造,用高新技术改造传统产业,用信息化带动工业化,优化产业结构,提升经济运行质量。

3.2.4 生态保护任务繁重

三峡库区的主体位于成渝都市圈内,保护全国最大的淡水资源库不受污染和三峡大坝的安全运行,是成渝两省市义不容辞的责任和义务。成渝都市圈长期承担全流域和小流域治理、生态系统恢复、库区生态移民、城市污水及固体废物处理等十分艰巨的任务。与"长三角""珠三角""中三角"等相比,成渝都市圈生态环境建设和保护任务繁重,这也是川渝两地重要的合作领域。尽管生态环境建设方面的合作具有较大的难度,但是这也是在生态文明建设的框架下必须合作的领域。

3.3 成渝都市圈的价值

建设成渝都市圈,无论是理论层面还是实践层面,宏观层面还是微观层面,都具有重要的战略价值。

3.3.1 国家层面的战略价值

一个地区的发展,必须全面融入全国发展战略格局,在服务全局中审视自己,发展自己,提升自己。国家"一带一路"和长江经济带战略,是以习近平同志为总书记的党中央着眼构建对外开放和区域发展新格局而做出的重大战略部署。成渝都市圈位于"一带一路"和长江经济带的交汇处,国家战略赋予了两省市新的战略定位。[1] 正如周斌所述,成渝城市群作为我国中西部综合实力最强、经济发展潜力最大的城市群,在我国区域经济发展格局中占有重要的

---

① 孙政才.加快建设成渝经济区和成渝城市群[EB/OL]. http://www.cq.xinhuanet. com/2015-05/22/c_1115368154.htm,2015-05-22.

地位,有望成为我国经济发展的"第四极"。① 陶然认为,成渝都市圈是西部地区人口和产业最为集中的区域,目前正处于快速发展的阶段,核心城市发展迅速,影响范围不断扩大,都市区等空间组织形式开始出现。② 张婷、张恒认为,城市群的发展对推动区域经济增长有重要的积极作用。成渝城市群作为西部发展潜力最好的城市群,对推动整个西部的发展意义重大。③ 钟海燕认为,在21世纪走中国特色城市化道路过程中,城市群的出现是一种必然趋势,而且正在成为区域经济发展的重要支撑点。④ 加强川渝合作,加快建设成渝经济区和成渝城市群,既是实现国家区域发展战略的必然要求,也是推动两地自身经济社会发展的迫切需要。⑤ 在"一带一路"战略实施的大背景下,成渝都市圈的发展有助于我国经济战略向纵深拓展,维系国民经济安全。推动成渝都市圈发展,有助于建设一个美丽富饶的西部,进而推动国民经济健康协调持续发展。

3.3.2 区域层面的战略价值

川渝地缘相接,人缘相亲,文化一脉,经济社会发展联系十分紧密,资源禀赋、产业结构、市场空间互补性强,因此,成渝都市圈具有良好的发展基础,在区域发展过程中具有良好的合作潜力和前景。李春艳认为,西部地区面积辽阔,地广人稀,经济空间发展水平极不平衡,经济开发条件差异明显。成渝城市经济带是产业、人口和城市在大区域空间沿基础设施呈带状的集中,是一个庞大的空间系统。对成渝城市经济带的研究有利于该地区整体实力的提高,

---

① 周斌.区域一体化视角下成渝城市群协调发展研究[D].浙江大学,2010.

② 陶然.成渝经济区铁路发展研究[D].昆明理工大学,2010.

③ 张婷,张恒.发展成渝城市群的战略思考[J].广东农业科学,2010,04:383-385,389.

④ 钟海燕.成渝城市群研究[D].四川大学,2006.

⑤ 孙政才.加快建设成渝经济区和成渝城市群[EB/OL]. http://www.cq.xinhuanet.com/2015-05/22/c_1115368154.htm,2015-05-22.

有利于发挥其在长江上游地区的重要作用,有利于推进西部大开发的战略。① 孟奇认为,以成渝城镇密集区为基础形成的经济区,不是一般意义上的经济区,而是以四川盆地腹心地带的城镇密集区为依托,跨越一般的行政经济区划,大体限定在两市两线范围。② 殷贤华认为,城市群的本质和核心是组团式发展,是推进新一轮城镇化的必然选择。川渝城市群建设是川渝合作的"升级版",是探索西部城镇化道路的科学途径。不仅需要重庆与成都的"双核驱动",还应以"双城"为中轴线,激活全域内的所有城市细胞。③ 曾智洪认为,成渝城市发展与区域管理合作具备一定的基础。两个城市之间的文化渊源、价值认同、生活习惯等有着极其相似的地方,在双方进行沟通合作的过程中,几乎不存在语言沟通、认识差异等障碍。双方的合作意愿随着都市圈的扩张需求,使得两个城市单体发展意识淡化,均力求达到整体共赢的局面。因此,合作发展是极具现实意义的。④ 在成渝都市圈建设过程中,有望通过打造一种"既分工协作、又抱团发力"的格局,着力推进川渝两地交通、信息、产业、市场、公共服务和生态文明一体化建设,加强在科技、教育、文化交流,人力资源建设和旅游开发等方面的合作,推动协同发展、联动发展,实现资源优化配置,产生"1+1>2"的效果。也就是说,在加强两省市政府间协作的基础上,更加重视通过政府引导,运用市场的办法、改革的思路、创新的精神推动交流合作,促进人流、物流、资金流、信息流在区域内的自由流动和优化配置,加快促进区域经济一体化,不断增强区域的聚集效应和扩散效应,增强对周边的辐射和带动作用,共同打造新的区域增长极。⑤ 因此,成渝都市圈事关四川、重庆的区域合

① 李春艳.论成渝城市经济带建设及其发展措施[J].科技情报开发与经济,2005,23:78-80.

② 孟奇.以成渝城镇密集区为基础构建四川核心经济区[J].经济体制改革,1996,06:6-11.

③ 殷贤华.共建成渝城市群 探索科学发展的西部城镇化道路[J].决策导刊,2014,02:18-21.

④ 曾智洪.成渝城市发展与区域治理模式研究[D].重庆大学,2006.

⑤ 孙政才.加快建设成渝经济区和成渝城市群[EB/OL]. http://www.cq.xinhuanet.com/2015-05/22/c_1115368154.htm,2015-05-22.

作与发展,更事关西部地区的合作与发展,在区域层面具有重要的战略价值。

3.3.3 经济层面的战略价值

在经济层面,成渝都市圈的发展也具有非常重要的战略价值。李光勤等认为,随着我国城市化进程的加快,单体城市的发展已经不能满足城市化发展的需要,从而城市群体的形成就成为支撑城市化进一步发展的必然趋势。成渝经济区城市群是我国人口最多、面积最大的城市群,也是中西部地区城市数目最多的城市群。① 陈云霞(2013)也认为,在经济全球化和区域经济一体化的背景下,城市群在国际生产力分布和劳动地域分工中发挥着越来越重要的作用。② 张俊认为,成渝城镇密集区是我国五大城镇密集区中唯一位于西部的地区。③ 李海燕、胡碧玉认为,成渝经济区是西部最发达的城市群,具有良好的经济基础和广阔的发展前景。我国现有三大城市群容纳力有限,发展第四大城市群是未来的必然趋势,而成渝经济区具有良好的城市群基础、经济实力和客观条件,最可能发展成我国第四大城市群。④ 王光雄认为,成渝城市群作为现阶段中国西部地区规模最大、发展基础最好的城市群,既是当前西部大开发的重点城市群,又是未来十年甚至是几十年我国经济重要的增长点。⑤ 由此可见,成渝都市圈作为我国国民经济重要组成部分,具有举足轻重的地位和作用。特别是在欠发达的西部地区,成渝都市圈的健康协调持续发展,对于西部全面建设小康社会、推进西部开发、建设长江经济带,具有不可替代的作用。

---

① 李光勤,张明举,刘衍桥.基于城市流视角的成渝经济区城市群空间联系[J].重庆工商大学学报,2006,04:29-33.

② 陈云霞.成渝城市群形成的动力机制研究[D].兰州商学院,2013.

③ 张俊.成渝城镇密集区建设与西部大开发[J].城市规划汇刊,2000,04:17-20.

④ 李海燕,胡碧玉.成渝经济区建设组团式城市群的可行性分析[J].四川职业技术学院学报,2011,02:20-22.

⑤ 王光雄.浅谈西部城市群空间结构发展研究——以成渝城市群为例[J].华中建筑,2014,01:129-132.

<table>
<tr><td>第
四
章</td><td># 成渝都市圈的历程、现状
与机遇</td></tr>
</table>

4.1 成渝都市圈的发展历程

4.1.1 西南六省区市七方经济协调会

在重庆的率先提议下，1980 年 4 月 15 日，四川、云南、贵州、广西和重庆四省区五方在贵州省贵阳市成立了"四省区五方经济协调会"（以下简称"协调会"），这是我国第一个跨省区市的区域合作组织。随后，西藏和成都相继加入。协调会历经"四省区五方""五省区六方""五省区七方"和"六省区市七方"四次更名和发展，现在已是由重庆市、四川省、云南省、贵州省、西藏自治区、广西壮族自治区和成都市六省区市七方组成的政府间经济技术合作协调组织。这是川渝共同参与搭建、西南六省区市七方开展联合协作共谋发展的重要组织平台。

4.1.2 西南经济区市长联席会

西南经济区市长联席会于 1986 年在广西南宁成立，有蓉、昆、邕、筑、渝五个西南中心城市参加，现有五省区市六方县以上 65 个城市参与。联席会按照"自愿参加、民主协商、平等互利、共同发展"的原则组织，是西南跨省区、开放性、松散型的都市圈体网络组织。联席会的主要任务是：促进城市间全方位开放,相互开展多层次、多形式的全方位经济联系;探讨西南地区经济的发展和市场建设中面临的突出问题,就共同关注的问题交流经验和信息,加快西南城市经济的发展。联席会常设办事机构为联络处,驻重庆。成立至今,联席会在三个方面发挥了作用:一是建立了西南都市圈体网络;二是加强利用城市间科技,推进了"科技兴市";三是增进了解,加强合作,使西南地区城市中心地位和作用进一步增强。西南经济区市长联席会成立 20 年来,签订相互间经济技术项目 6 000 余项,协作资金 50 余亿元,商贸物资近 1 000 亿元。这是川渝及其西南各大中城市共同搭建的城市间重要合作舞台。

4.1.3 长江沿岸中心城市经济协调会

重庆、武汉、南京、上海市于 1985 年 12 月 25 日在重庆成立长江沿岸中心城市经济协调会(以下简称"协调会")。1986 年后,协调会先后吸纳攀枝花、宜宾、泸州、涪陵、万县、荆州、石首、岳阳、黄石、九江、安庆、铜陵、芜湖、马鞍山、扬州、泰州、镇江、南通、合肥、舟山、宁波和咸宁等 22 个城市加入,开创了我国城市联合开发流域经济带先河。协调会是开放型、松散型的流域经济协调组织,实行自愿联合、民主协商的组织原则。协调会会议每两年召开一次,由重庆、武汉、南京、上海 4 市轮流担任会议主席。协调会按照"抓区域,促流域;抓专题,促联合"的工作方针,研究和探讨联合开发长江、保护长江带共性的政策、措施,向党中央、国务院提出报告和建议;大力推进长江沿岸中心城市之间的横向经济联系,促进双边和多边经济合作。在"抓区域,促流域"方面,以上海为中心的长江三角洲经济协作区,以重庆为中心的长江上游经济协作区,在改善交通、通信条件,开发资源、培育市场体系和开展科技协作、产业专题协作等方面取得了成效。在"抓专题,促联合"方面,先后开展了航运、邮电、科技、金融、商贸、物资、信息、旅游、环保和社会科学等 10 个专题组的协作活动,联合组建了"长江发展股份有限(集团)公司"、"长江产权交易共同市场"和"长江流域发展研究院"等区域性合作组织。这是包括川渝在内的长江流域城市共同发起参与的又一合作平台。

4.1.4 重庆经济协作区

重庆经济协作区是在 1988 年由当时的万县、涪陵、遂宁、泸州、内江、自贡、宜宾、乐山、攀枝花等市和万县、涪陵、达县、南充、宜宾、遵义、毕节、昭通等地区在重庆成立的区域横向经济联合组织。这是四川、重庆、云南、贵州等省市共同参与的长江上游地区经济协作组织。协作区按照自愿参加、平等协商、互惠互利、讲求实效的原则,充分发挥各自优势,取长补短,共同发展。协作区的最高协调机构是市长、专员联席会。主席由每届联席会协商推选产生,副主席由重庆方担任。协作区设联络处,驻重庆。协作区采取政府搭台、企业唱戏的办法,组织企业进行生产要素的优化组合,广泛开展经济技术、商品物资信息交流,并在引进技术和教育科技等方面进行联合协作,建立长期、稳定、全面的区域性横向经济联合网络。

成渝都市圈是西部的核心区域,也是西部大开发的重点开发区域,重庆又是西部唯一的直辖市,国家对成渝地区的投资相对于西部其他地区来说,是比较偏重的,这也间接形成了川渝合作的重要政策平台。1998 年,为了刺激国内市场需求,国家曾新增发行 1 000 亿元财政债券,配套 1 000 亿元中长期银行贷款,主要用于基础设施建设,并要求向中西部地区倾斜。当年,国家计委下达的 117 项重点建设项目中,工业项目共有 63 项,其中,中西部地区 38 项,占全国的 60.3%。1999 年国家计委下达的 102 项重点建设项目,也有很大一部分集中在中西部尤其是西部地区。作为国家的政策性银行,国家开发银行自成立以来已累计向中西部地区发放贷款近 4 000 亿元,占全部贷款的 60% 以上。其中,仅 1998 年就安排中西部项目贷款 628 亿元,占全行贷款计划的 72.8%。

在 2003 年 7 月 26 日的川渝经济合作座谈会上,四川省副省长黄小祥和重庆市副市长童小平分别代表两地政府就未来经济合作事宜进行了商谈。会议提出,两地在今后合作中要"互惠互利、优势互补、市场主导、系统协调",并对两地合作进行了远景规划。2003 年 11 月 10 日,成都首次推出城市发展战略,称"今后成都将携手重庆,构筑成渝都市圈,成为中国第四大都市圈"。2004 年年初,重庆市近百人高规格党政代表团赴蓉,并就《关于加强川渝经济社会领域合作　共谋长江上游经济区发展的框架协议》和交通、旅游、农业、公安、文化、广播电视等部门签署了协议,统称为"1+5"川渝合作框架协议,开始了两地联手打造中国西部最具活力、最富吸引力和最有竞争力的增长极的历史进程。

4.1.5 成渝经济区

2005 年 2 月,国务院总理温家宝指出:要贯彻以线串点、以点带面的方针,把现有经济基础较好、区位优势明显、人口较为密集、沿交通干线和城市枢纽的一些地区,作为西部开发的重点区域,发展一批中心城市,形成新的经济增长极。这是我国区域发展和城市经济带建设中重要的政策性指导思想。我国国民经济和社会发展第十一个五年规划纲要指出:"要把城市群作为推进城镇化的主体形态。"2005 年 10 月,中共中央发布了《关于"十一五"规划的建议》,成渝经济区第一次被纳入全国四大经济板块之列。2007 年 6 月,成都和重庆同时获准成为国家统筹城乡综合配套改革试验区,并赋予两地率先对中国统筹城乡发展重大政策先行试点的权限,成渝经济带的发展正式上升为全面的、紧密联系国家全局发展的战略部署。

2011 年 5 月 5 日,国务院正式批复《成渝经济区区域规划》。成渝经济区的范围包括重庆市的万州、涪陵、渝中、大渡口、江北、沙坪坝、九龙坡、南岸、北碚、渝北、巴南、长寿、江津、合川、永川、南川、綦江(与万盛合并)、潼南、铜梁、大足(与双桥合并)、荣昌、璧山、梁平、丰都、垫江、忠县、开县、云阳、石柱 29 个区县,四川省的成都、德阳、绵阳、眉山、资阳、遂宁、乐山、雅安、自贡、泸州、内江、南充、宜宾、达州、广安 15 个市,区域面积 20.6 万平方千米,占全国陆地面积约 2.15%。辖区内的自然资源丰富,水资源、矿产资源、天然气、森林覆盖面积均居全国前列。2012 年年底总人口约 1 亿人,占全国总人口的 6.8%,并有庞大的熟练产业工人队伍,劳动力资源丰富;同时,区域内 GDP 约 3 万亿元,约占全国 GDP 的 6%,农业条件较好,是中国粮食、生猪、柑橘、蔬菜、蚕丝、中药材等的重要生产基地,工业和交通也有了相当的基础。成渝经济区是西部唯一具备突破省市界限、在更大范围内优化配置资源的地区,以重庆、成都为支撑点,以其周围一批区域性中心城市为节点建设"成渝经济区",在我国宏观生产力空间战略格局中,具有承东启西的重要功能和作用。加快川渝合作,共建"成渝经济区",打造我国"第四增长极",既是区域内各方的内在要求,也是国家实施西部大开发战略的重要举措。

早在 2009 年 11 月,四川省就出台了《四川省人民政府关于加快"一极一轴一区块"建设推进成渝经济区发展的指导意见》,要求包括达州全市,以及广安、泸州、资阳、内江、遂宁的部分县区市等环渝腹地经济区块,主动融入重庆,使该区域成为承接重庆都市圈辐射的配套产业集群,打造川渝经济合作的桥头堡。目前,这一区域已成为川渝经济活动联系最紧密的区域。2011 年,重庆市在《政府工作报告》中要求,务实推进与四川地区的经济合作,依托两地地缘、文脉优势,充分发挥长江黄金水道和已建、在建的 6 条铁路、6 条高速公路通道功能,促进川渝两地制造业和服务业优势互补,实现经济资源和要素的优化配置。

2012 年 11 月,国家发改委批复了《关于川渝合作示范区(广安片区)建设总体方案》。按照国务院批复的《成渝经济区区域规划》,"在川渝毗邻的潼南、广安建设川渝合作示范区"。川渝合作示范区要坚持跨越发展和转型发展,着力提高基础设施一体化水平,着力强化产业合作基地建设,着力加强生态环境共建共治,着力推进公共服务对接共享,着力创新体制机制,把示范区建设成为川渝合作发展的先导区,在促进区域协调发展中发挥更大的作用。

4.1.6 长江经济带

2013 年 4 月,李克强总理在重庆主持召开座谈会,研究依托黄金水道建设长江经济带,为中国经济持续发展提供重要支撑。座谈会上,国家发改委负责人汇报了长江经济带建设总体考虑和相关规划。同时,上海、江苏、浙江、安徽、江西、湖北、湖南、四川、重庆、云南、贵州 11 个长江经济带覆盖省(市)政府主要负责人汇报了对建设长江经济带的思考和建议。同年 6 月 11 日,李克强总理主持召开的国务院常务会议提出,发挥黄金水道的独特优势,建设长江经济带,可以促进经济发展由东向西梯度推进,形成直接带动超过 1/5 国土涉及近 6 亿人的发展新动力,推动贫困地区脱贫致富,缩小东中西差距;同时,又能优化经济结构,形成与丝绸之路经济带的战略互动,打造新的经济支撑带和具有全球影响力的开放合作新平台。

长江经济带是中国新一轮改革开放转型实施的重要区域。2014 年 4 月 28 日,中共中央政治局常委、国务院总理李克强在重庆主持召开座谈会,研究依托黄金水道建设长江经济带,为中国经济持续发展提供重要支撑。李克强指出,从沿海起步先行、溯内河向纵深腹地梯度发展,是世界经济史上的一个重要规律,也是许多发达国家在现代化进程中的共同经历。长江横贯东中西,连接东部沿海和广袤的内陆,依托黄金水道打造新的经济带,有独特的优势和巨大的潜力。贯彻落实党中央、国务院关于建设长江经济带的重大决策部署,对于有效扩大内需、促进经济稳定增长、调整区域结构、实现中国经济升级具有重要意义。①

2014 年 9 月 12 日,国务院印发《关于依托黄金水道推动长江经济带发展的指导意见》(以下简称《意见》)。《意见》分重大意义和总体要求、提升长江黄金水道功能、建设综合立体交通走廊、创新驱动促进产业转型升级、全面推进新型城镇化、培育全方位对外开放新优势、建设绿色生态廊道、创新区域协调发展体制机制 8 个部分 47 条。《意见》指出,长江是货运量位居全球内河第一的黄金水道,在区域发展总体格局中具有重要战略地位。依托黄金水道推动长江经济带发展,打造中国经济新支撑带,有利于挖掘中上游广阔腹地蕴含的巨大内需潜力,促进经济增长空间从沿海向沿江内陆拓展;有利于优化沿江产业结构和城镇化布局,推动我国经济提质、增效、升级;有利于形成上、中、下游

---

① 李克强.依托黄金水道建设长江经济带[EB/OL]. http://news.china.com.cn/2014-04/28/content_32231423_2.htm,2014-04-28.

优势互补和协作互动的格局,缩小东中西部地区发展差距;有利于建设陆海双向对外开放新走廊,培育国际经济合作竞争新优势;有利于保护长江生态环境,引领全国生态文明建设。

长江经济带既是具有全球影响力的内河经济带、东中西互动合作的协调发展带,又是沿海沿江沿边全面推进的对内对外开放带和生态文明建设的先行示范带。长江经济带覆盖上海、江苏、浙江、安徽、江西、湖北、湖南、重庆、四川、云南、贵州11个省市,面积约205万平方千米,人口和生产总值均超过全国的40%。长江经济带建设旨在依托黄金水道推动长江经济带发展,打造中国经济新支撑带。成渝都市圈是长江经济带的重要组成部分,成渝都市圈的发展在长江经济带建设战略中具有决定性的地位和作用。建设长江经济带,就是要构建沿海与中西部相互支撑、良性互动的新格局,通过改革开放和实施一批重大工程,让"长三角"、长江中游城市群和成渝经济区三个"板块"的产业和基础设施连接起来,要素流动起来,市场统一起来,促进产业有序转移衔接、优化升级和新型城镇集聚发展,形成直接带动超过1/5国土、约6亿人的强大发展新动力作用。① 由此可见,长江经济带建设对于成渝都市圈发展具有战略性的支撑作用。

2015年5月20日至21日,中共中央政治局委员、重庆市委书记孙政才率重庆市党政代表团赴四川考察,交流学习,共商两省市如何融入国家"一带一路"和长江经济带,深化两省市交流合作,携手共筑成渝城市群。交流会上,双方共同签署了《关于加强两省市合作共筑成渝城市群工作备忘录》(以下简称《备忘录》)。根据《备忘录》,两省市将共同推动交通、信息、市场一体化,共同加强公共服务互助、资源环境保护与利用联动、产业发展合作,并建立双边合作工作机制,加强规划引导和政策互动,力争到2020年,成渝经济区成为国家重要的统筹城乡发展先行示范区,成渝城市群成为国际知名、国内领先、辐射带动西部地区发展的重要增长极。

---

① 李克强.依托黄金水道建设长江经济带[EB/OL]. http://news.china.com.cn/2014-04/28/content_32231423_2.htm,2014-04-28.

4.2 成渝都市圈的发展现状

4.2.1 成渝都市圈的总体规模

成渝都市圈是我国目前人口最多、面积最大的都市圈。成渝都市圈面积268 121平方千米,占全部城市面积的5.59%。目前,长三角都市圈、珠三角都市圈、京津冀都市圈和中三角都市圈的面积分别为112 282、115 997、146 730、193 518平方千米,占全部城市的比例分别为2.34%、2.42%、3.06%、4.04%,分别较成渝都市圈低3.25、3.17、2.53、1.55个百分点。同时,成渝都市圈2014年年末总人口达到11 712万人,占全部城市人口的9.08%,而长三角都市圈、珠三角都市圈、京津冀都市圈和中三角都市圈的总人口分别为8 652.8万、4 589.6万、5 599.6万、8 205.4万人,占全部城市的比例分别为6.71%、3.56%、4.34%、6.36%,分别较成渝都市圈低2.37、5.52、4.74、2.72个百分点,如表4-1所示。由此可见,成渝都市圈在圈域面积、人口数量方面具有较大的优势。

表4-1　成渝都市圈面积、人口与主要都市圈比较

都市圈	土地面积		总人口	
	数值(km²)	比例(%)	数值(万人)	比例(%)
成渝都市圈	268 121	5.59	11 712	9.08
中三角都市圈	193 518	4.04	8 205.4	6.36
京津冀都市圈	146 730	3.06	5 599.6	4.34
珠三角都市圈	115 997	2.42	4 589.6	3.56
长三角都市圈	112 282	2.34	8 652.8	6.71
全部城市合计	4 795 716	100.00	128 954	100.00

资料来源:根据《中国城市统计年鉴2015》《重庆统计年鉴2015》《四川省统计年鉴2015》整理。

4.2.2 成渝都市圈的建设规模

在城市建设规模方面,成渝都市圈建成区面积达到 2 967.5 平方千米,占全部城市面积的 7.52%。从横向比较来看,长三角都市圈、珠三角都市圈的建成区面积分别为 4 538、4 288 平方千米,占全部城市的比例分别较成渝都市圈高 3.98、3.34 个百分点,京津冀都市圈、中三角都市圈的建成区面积为 2 786、2 190 平方千米,占全部城市的比例分别较成渝都市圈低 0.46、1.97 个百分点,如表 4-2 所示。

表 4-2　成渝都市圈建成区面积与主要都市圈比较

都市圈	建成区面积	
	数值(km²)	比例(%)
成渝都市圈	2 967.5	7.52
中三角都市圈	2 190	5.55
京津冀都市圈	2 786	7.06
珠三角都市圈	4 288	10.86
长三角都市圈	4 538	11.50
全部城市合计	39 478	100.00

资料来源:根据《中国城市统计年鉴 2015》《重庆统计年鉴 2015》《四川省统计年鉴 2015》整理。

4.2.3 成渝都市圈的经济规模

在经济发展方面,成渝都市圈是长江上游经济带的核心区域,是我国重要的重型机械制造、电站设备制造、军用飞机设计制造、电子信息科研和设备制造、汽车制造、水能资源开发、天然气资源开发、天然气化工、核工业和其他军事工业基地,也是我国农业最发达的地区之一。2014 年年末,成渝都市圈实现地区生产总值 41 690.82 亿元,占全部城市的 6.15%,其中四川部分为 27 428.22 亿元,重庆部分为 14 262.60 亿元,分别占 65.79%、34.21%;人均 GDP 达到 35 596.67 元,是全国人均 GDP 的 67.67%,这与成渝地区处于欠发达地区、欠发达阶段的情况相符;地均 GDP 为 1 554.93 万元,是全国地均 GDP 的 1.10 倍,这说明成渝都市圈具有较高的经济集聚度。成渝都市圈是传统的老工业基地,具有很强的工业生产能力,2014 年实现工业总产值 530 575 263 万元,是全国工业总产值的 4.83%;成渝都市圈是我国重要的投资热点区域,2014 年实现社会固定资产投资额 336 636 787 万元,占全国社会固定资产投资额的 7.09%,是经济发展的重要动力;成渝都市圈具有较强的消费能力,消费市场巨大,2014 年社会消费品零售总额 172 548 144 万元,占全国社会消费品零售总额的 6.58%;2014 年成渝都市圈公共财政收入达到 32 391 290 万元,占全国财政一般预算收入的 4.99%;2014 年年末金融机构存款余额为 499 821 389 万元,占全国年末金融机构存款余额的 4.62%;成渝都市圈内陆开放取得长足进步,2014 年实际利用外资额达到 1 023 221 万美元,占全国当年实际利用外资额的 3.57%,如表 4-3 所示。总体上说,成渝都市圈具有较好的经济发展态势,具备较强的经济实力。

从横向比较来看,成渝都市圈人口密度高,每平方千米达到 436.82 人,仅仅低于长三角都市圈的 770.63 人/km²,但是高于珠三角都市圈、京津冀都市圈和中三角都市圈。2014 年成渝都市圈实现地区生产总值 41 690.82 亿元,占全国 GDP 的 6.15%,远远落后于长三角都市圈的 15.63%、珠三角都市圈的 9.12% 和京津冀都市圈的 7.55%,与中三角都市圈的 6.01% 相当。在人均 GDP 方面,2014 年成渝都市圈的人均 GDP 为 35 596.67 元,远远低于长三角都市圈的 122 531.5 元、珠三角都市圈的 134 867.4 元和京津冀都市圈的 91 409.66 元,甚至低于中三角都市圈的 49 727.06 元,仅为全部城市人均 GDP 的 67.67%,这与成渝地区的欠发达地区、欠发达阶段的实际情况相符。在地均 GDP 方面,全国地均 GDP 为 1 414.52 万元/km²,成渝都市圈略高于全国平均值,达到 1 554.93 万元/km²,但是长三角都市圈(9 442.65 万元/km²)、珠三角都市圈(5 336.24 万元/km²)和京津冀都市圈(3 488.43万元/km²),甚至比中三角都市圈(2 108.49 万元/km²)低 30% 以上,这说明生产力仍然有待提高,如表 4-4 所示。

表 4-3 成渝都市圈各城市主要经济指标

城市	土地面积 (km²)	建成区面积 (km²)	工业总产值 (万元)	年末总人口 (万人)	地区生产总值 (万元)	人均 GDP (元)	地均 GDP (万元)	社会固定资产投资额 (万元)	社会消费品零售总额 (万元)	公共财政收入 (万元)	年末金融机构存款余额 (万元)	实际利用外资金额 (万美元)
成都	12 121	604	103 806 294	1 210.70	100 565 926	83 064	8 297	66 203 700	44 688 846	10 251 696	267 975 023	876 000
自贡	4 381	109	16 180 730	330.00	10 734 046	32 527	2 450	5 693 128	4 476 763	424 059	10 752 004	2 218
泸州	12 236	113	15 779 539	508.90	12 597 311	24 754	1 030	11 769 910	4 913 963	1 159 216	16 129 804	6 302
德阳	5 911	72	29 198 263	392.50	15 156 490	38 615	2 564	8 711 400	5 448 356	835 153	19 185 417	20 700
绵阳	20 248	118	21 902 909	548.80	15 798 910	28 788	780	10 338 708	7 782 856	1 017 482	26 217 206	22 982
广元	16 311	54	6 875 486	310.10	5 661 920	18 258	347	5 244 356	2 642 250	347 836	10 066 438	5 608
遂宁	5 325	78	12 976 623	380.40	8 095 540	21 282	1 520	8 901 844	3 664 807	396 957	9 894 366	6 008
内江	5 385	66	16 544 858	426.00	11 567 723	27 154	2 148	5 823 416	3 562 244	450 832	11 343 551	7 115
乐山	12 723	73	16 837 645	355.70	12 075 899	33 950	949	8 324 078	4 873 824	787 878	17 134 740	10 624
南充	12 477	113	19 359 608	759.00	14 320 202	18 867	1 148	12 205 371	6 242 112	765 568	21 544 642	8 032
眉山	7 140	45	12 259 995	353.00	9 448 913	26 767	1 323	9 092 834	3 454 790	751 991	12 552 235	20 514
宜宾	13 271	80	18 236 404	554.30	14 438 115	26 047	1 088	11 099 641	6 003 863	1 056 118	16 852 277	5 055
广安	6 341	48	12 911 573	471.70	9 196 124	19 496	1 450	7 965 772	3 670 594	459 637	12 651 891	4 194
达州	16 588	108	10 657 170	688.10	13 478 324	19 588	813	11 487 020	5 926 019	724 120	17 523 738	6 000
雅安	15 046	31	4 484 400	157.20	4 624 143	29 416	307	3 998 270	1 777 624	273 788	9 742 467	2 066
巴中	12 293	30	4 688 425	383.10	4 566 596	11 920	371	8 457 659	2 241 153	330 371	7 772 688	2 076

续表

	城市	土地面积（km²）	建成区面积（km²）	工业总产值（万元）	年末总人口（万人）	地区生产总值（万元）	人均GDP（元）	地均GDP（万元）	社会固定资产投资额（万元）	社会消费品零售总额（万元）	公共财政收入（万元）	年末金融机构存款余额（万元）	实际利用外资金额（万美元）
四川	资阳	7 960	45	20 052 010	507.30	11 956 020	23 568	1 502	9 082 217	4 071 420	554 619	12 458 401	10 480
	小计（四川）	185 757	1 787	342 751 932	8 336.8	274 282 202	32 900	1 477	204 399 324	115 441 484	20 587 321	499 796 888	1 015 974
重庆	重庆（主城九区）	5 467	618.5	87 556 658	553.49	54 811 259	99 028	10 025	39 491 242	27 347 360	4 106 743	15 408.58	2 564.66
	渝中区	22	22	215 670	54.31	8 687 242	133 588	394 875	3 091 402	5 787 949	483 058	4 937.02	242.29
	大渡口区	103	29.5	1 801 327	25.16	1 489 743	45 226	14 464	1 684 218	365 038	157 232	363.69	150.10
	江北区	221	95	6 853 371	59.14	6 044 623	72 443	27 351	4 683 145	3 840 066	734 018	2 439.18	307.91
	沙坪坝区	383	90	17 396 180	79.83	8 092 134	73 063	21 128	4 917 008	2 890 677	600 815	1 249.15	400.35
	九龙坡区	432	92	10 708 383	88.45	9 108 240	78 199	21 084	5 618 870	4 552 794	581 242	1 562.50	401.54
	南岸区	274	85	11 603 496	66.34	6 081 368	72 848	22 195	4 882 538	3 388 370	803 756	1 102.38	225.62
	北碚区	755	34	7 358 387	63.18	4 154 060	54 238	5 502	5 361 059	1 341 843	246 524	529.09	365.02
	渝北区	1 452	125	31 619 844	117.08	11 153 849	75 143	7 682	9 253 002	5 180 623	500 098	3 225.57	471.83
	巴南区	1 825	46	5 932 723	90.20	5 100 846	52 798	2 795	6 163 146	2 420 247	289 421	553.03	465.13
	万州区	3 457	42	6 764 059	175.77	7 712 188	48 201	2 231	6 120 564	2 516 141	540 554	861.93	270.53
	黔江区	2 397	20	2 064 482	55.33	1 863 052	40 960	777	2 361 157	710 707	200 871	200.09	103.99
	涪陵区	2 941	34	11 548 098	116.67	7 574 764	67 215	2 576	5 785 957	2 005 427	500 744	621.20	253.92

续表

	城市	土地面积（km²）	建成区面积（km²）	工业总产值（万元）	年末总人口（万人）	地区生产总值（万元）	人均GDP（元）	地均GDP（万元）	社会固定资产投资额（万元）	社会消费品零售总额（万元）	公共财政收入（万元）	年末金融机构存款余额（万元）	实际利用外资金额（万美元）
重庆	长寿区	1 415	36	6 777 290	90.43	4 204 068	52 163	2 971	4 150 005	909 168	313 126	410.44	185.67
	江津区	3 200	32	10 900 187	150.23	5 546 593	43 389	1 733	5 750 370	2 015 538	474 255	561.00	334.87
	合川区	2 356	28	5 281 397	155.43	4 404 575	33 020	1 870	4 371 029	1 971 476	332 359	484.83	224.73
	永川区	1 576	34	8 234 794	113.11	5 125 385	47 629	3 252	5 779 944	2 316 658	388 726	443.68	308.00
	南川区	2 602	15	1 339 711	68.66	1 731 935	31 212	666	1 451 046	907 361	183 683	203.54	98.04
	綦江区	2 746	37	4 748 240	121.17	3 579 850	32 777	1 304	4 235 412	1 197 298	340 041	428.91	71.47
	大足区	1 436	30	4 357 578	105.10	3 298 433	44 138	2 297	4 167 763	897 096	313 839	270.94	167.14
	璧山区	912	22	7 463 783	63.80	3 343 756	47 352	3 666	5 454 053	924 064	422 747	305.36	206.66
	铜梁区	1 342	20	4 238 943	84.47	2 810 530	43 242	2 094	4 437 209	856 091	207 829	294.92	240.02
	潼南县	1 585	20	2 658 651	95.61	2 341 631	35 840	1 477	2 649 678	674 335	169 035	214.83	124.27
	荣昌区	1 079	17	5 900 318	84.74	3 004 235	44 112	2 784	3 741 498	855 289	221 366	234.45	141.47
	梁平县	1 890	9	1 493 273	92.89	2 178 288	32 685	1 153	2 220 111	694 770	150 706	271.87	152.73
	城口县	3 286	8	214 520	25.26	460 039	24 283	140	679 711	116 148	26 332	69.24	4.41
	丰都县	2 896	12	860 324	83.36	1 353 717	21 972	467	2 092 251	559 035	128 096	225.07	145.58
	垫江县	1 518	11	1 574 569	97.57	2 240 941	32 784	1 476	2 438 905	707 299	121 001	234.79	189.56
	武隆县	2 872	8	564 515	41.54	1 199 849	34 404	418	1 454 595	407 495	116 077	137.21	15.32

续表

城市	土地面积（km²）	建成区面积（km²）	工业总产值（万元）	年末总人口（万人）	地区生产总值（万元）	人均GDP（元）	地均GDP（万元）	社会固定资产投资额（万元）	社会消费品零售总额（万元）	公共财政收入（万元）	年末金融机构存款余额（万元）	实际利用外资金额（万美元）
忠县	2 184	9	778 672	100.85	2 082 603	28 668	954	2 190 506	576 099	121 038	296.34	209.89
开县	3 959	30	2 153 871	168.77	3 001 665	25 771	758	3 075 173	1 338 979	187 381	386.33	194.39
云阳县	3 634	22	1 057 664	135.96	1 701 867	18 908	468	2 011 716	792 111	104 140	289.41	160.95
奉节县	4 087	7	242 071	107.53	1 814 112	23 274	444	2 107 585	422 618	125 267	191.25	78.40
巫山县	2 958	10	97 209	64.64	812 686	17 369	275	1 000 617	286 020	80 008	129.11	42.08
巫溪县	4 030	8	212 659	54.85	667 201	16 889	166	1 345 341	223 776	60 436	109.87	37.98
石柱县	3 013	8	933 623	55.02	1 199 517	30 321	398	1 444 132	423 697	111 033	155.29	73.51
秀山县	2 450	10	636 728	66.46	1 265 021	25 751	516	1 461 379	509 835	141 527	127.72	80.09
酉阳县	5 173	16	755 094	86.04	1 104 184	19 609	213	1 316 531	404 142	105 540	137.45	66.13
彭水县	3 903	7	481 630	70.25	1 087 992	20 903	279	1 288 837	457 451	102 702	122.20	35.32
小计（重庆）	82 364	1 180.5	187 823 331	3 375.2	142 626 000	47 850	1 731	132 237 463	57 106 660	11 803 969	24 501	7 246.89
合计	268 121	2 967.5	530 575 263	11 712	416 908 202	35 597	1 555	336 636 787	172 548 144	32 391 290	499 821 389	1 023 221
全部城市	4 795 716	39 478	10 988 044 433	128 954	6 783 636 354	52 605	1 414	4 749 732 095	2 622 385 592	648 553 489	10 824 983 730	28 650 055
占全部城市比例	5.59%	7.52%	4.83%	9.08%	6.15%	67.67%	109.97%	7.09%	6.58%	4.99%	4.62%	3.57%

（重庆）

资料来源：《中国城市统计年鉴 2015》《重庆统计年鉴 2015》《四川省统计年鉴 2015》。

表 4-4 成渝都市圈与主要都市圈经济指标比较

都市圈	国内生产总值		人口密度		人均 GDP		地均 GDP	
	数值（万元）	比例（%）	数值（人/km²）	比例（%）	数值（元/人）	比例（%）	数值（万元/km²）	比例（%）
成渝都市圈	416 908 202	6.15	436.82	162.45	35 596.67	67.67	1 554.93	109.93
中三角都市圈	408 030 435	6.01	424.01	157.69	49 727.06	94.53	2 108.49	149.06
京津冀都市圈	511 857 516	7.55	381.63	141.93	91 409.66	173.77	3 488.43	246.62
珠三角都市圈	618 987 550	9.12	395.67	147.15	13 4867.4	256.38	5 336.24	377.25
长三角都市圈	1 060 240 168	15.63	770.63	286.60	122 531.5	232.93	9 442.65	667.55
全部城市	6 783 636 354	100.00	268.89	100.00	52 605.09	100.00	1 414.52	100.00

资料来源：《中国城市统计年鉴 2015》《重庆统计年鉴 2015》《四川省统计年鉴 2015》。

4.3 成渝都市圈的发展机遇

4.3.1 新一轮西部大开发

西部大开发是成渝都市圈过去十年经济发展的重要推动力,而新一轮西部大开发则是成渝都市圈未来发展的重大机遇。按照国家部署,2010—2030年是西部加速发展阶段,重点是巩固基础,培育特色,实施经济产业化、市场化、生态化和专业区域布局升级。西部大开发在我国区域协调发展总体战略中具有优先位置,在促进社会和谐中具有基础地位,在实现可持续发展中具有特殊地位。新一轮西部大开发,将使西部地区综合经济实力上一个大台阶,基础设施更加完善,现代产业体系基本形成,建成国家重要的能源基地、资源深加工基地、装备制造业基地和战略性新兴产业基地。从新一轮西部大开发的六项重点工作来看,构建功能配套、安全高效的现代化基础设施体系等措施,都非常有利于成渝都市圈的发展,这是成渝都市圈发展的机遇和平台。

4.3.2 新型城镇化建设

党的十八大强调,要坚持走中国特色新型城镇化道路,推动工业化和城镇化良性互动、城镇化和农业现代化相互协调,促进工业化、信息化、城镇化、农业现代化("四化")同步发展。"四化"同步是对我国经济社会发展阶段和发展任务的科学把握,是中国现代化建设的新决策、新部署。"四化"之中,城镇化地位特殊,位置关键。加快推进新型城镇化,是摆在我们面前的一项重大任务。新型城镇化就是以城乡统筹、城乡一体、产城互动、节约集约、生态宜居、和谐发展为基本特征的城镇化,是大中小城市、小城镇、新型农村社区协调发展、互促共进的城镇化。成渝都市圈是西部城镇化基础较好、水平较高的地区,也是国家新型城镇化的重要地区。新型城镇化建设将为成渝都市圈发展提供更多的发展机遇,也将为成渝城镇化的发展提供广阔的发展空间。

4.3.3 成渝经济区建设

2011 年 6 月,国家发改委正式批复了《成渝经济区区域规划》(以下简称《规划》),这是成渝都市圈发展的重大机遇。《规划》提出,成渝经济区自然禀赋优良,产业基础较好,城镇分布密集,交通体系完整,人力资源丰富,是我国重要的人口、城镇、产业集聚区,是引领西部地区加快发展、提升内陆开放水平、增强国家综合实力的重要支撑,在我国经济社会发展中具有重要的战略地位。《规划》要求,把《规划》的实施作为深入推进西部大开发、促进全国区域协调发展的重要举措,努力把成渝经济区建设成为西部地区重要的经济中心、全国重要的现代产业基地、深化内陆开放的试验区、统筹城乡发展的示范区和长江上游生态安全的保障区,在带动西部地区发展和促进全国区域协调发展中发挥更重要的作用。成渝经济区建设,将有利于增强成渝两地的合作力度和强度,完善城市体系等,对成渝都市圈的发展和完善具有强有力的推动作用。

4.3.4 城乡一体化发展

2007 年 6 月,国务院正式批准重庆市和成都市设立全国统筹城乡综合配套改革试验区,这是中国在新的历史时期加快中西部发展、推动区域协调发展的重大战略部署。要求成都市和重庆市从实际出发,根据统筹城乡综合配套改革试验的要求,全面推进各个领域的体制改革,并在重点领域和关键环节率先突破,大胆创新,尽快形成统筹城乡发展的体制机制,促进城乡经济社会协调发展,为推动全国深化改革、实现科学发展与和谐发展发挥示范和带动作用。这是国家推动中西部发展的重大战略部署,是国家落实科学发展观、推进和谐社会建设的重要举措,意义重大。

党的十八大提出,解决好农业、农村、农民问题是全党工作的重中之重,要坚持走中国特色农业现代化道路,并要把推动城乡发展一体化作为解决"三农"问题的根本途径。因此,大力推进城乡一体化发展,让人民群众共享改革发展成果,努力提高人民的生活水平,共享城市化和现代化带来的文明,是现阶段城乡一体化建设亟须解决的重要问题。城乡一体化发展是我国现代化和城市化发展的一个新阶段,城乡一体化就是要把工业与农业、城市与乡村、城镇居民与农村居民作为一个整体,统筹谋划,综合研究,通过体制改革和政策调整,促进城乡在规划建设、产业发展、市场信息、政策措施、生态环境保护、社会事业发展的一体化,改变长期形成的城乡二元经济结构,实现城乡在政策上的平等、产业发展上的互补、国民待遇上的一致,让农民享受到与城镇居民同样的文明和实惠,使整个城乡经济社会全面、协调、可持续发展。

成渝都市圈既是国家统筹城乡综合配套改革试验区,更是国家城乡一体化发展的重要试验区域。因此,对成渝都市圈而言,成为试验区是一次难得的发展机遇,国家会给予土地、户籍方面的特殊政策优惠,给予尝试和容错的机会,政策上的突破将带来经济的增长。

4.3.5 新一轮改革创新

2013 年 11 月 12 日,党的十八届三中全会通过了《中共中央关于全面深化改革若干重大问题的决定》(以下简称《决定》),拉开了新一轮的改革创新大幕。《决定》指出,改革开放最主要的成果是开创和发展了中国特色社会主义,为社会主义现代化建设提供了强大动力和有力保障。事实证明,改革开放是决定当代中国命运的关键抉择,是党和人民事业大踏步赶上时代的重要法宝。《决定》要求,让市场在资源配置中起决定性作用,深化经济体制改革,坚持和完善基本经济制度,加快完善现代市场体系、宏观调控体系、开放型经济体系,加快转变经济发展方式,加快建设创新型国家,推动经济更有效率、更加公平、更可持续发展。《决定》强调,建设统一开放、竞争有序的市场体系,是使市场在资源配置中起决定性作用的基础。必须加快形成企业自主经营、公平竞争,消费者自由选择、自主消费,商品和要素自由流动、平等交换的现代市场体系,着力清除市场壁垒,提高资源配置效率和公平性。这些都为成渝都市圈的发展完善提供了良好的发展空间,特别是为公共治理创新提供了良好的机遇。

4.3.6 成渝城市群发展规划

2016 年 3 月 30 日,国务院总理李克强主持召开国务院常务会议,通过了《成渝城市群发展规划》。《成渝城市群发展规划》的通过,将有力地推动成渝一体化,实现两地真正意义上的"同城化"。未来,成渝城市群将成为引领西部开发开放的重要支撑,将在西部形成新的经济增长极。在中西部资源环境承载能力较强地区,加快城镇化进程,培育形成新的增长极,有利于促进经济增长和市场空间由东向西、由南向北梯次拓展,推动人口经济布局更加合理,区域发展更加协调。《成渝城市群发展规划》强调,以强化重庆、成都辐射带动作用为基础,以创新驱动、保护生态环境和夯实产业基础为支撑,建设引领西部开发开放的城市群,形成大中小城市和小城镇协同发展的格局。

《成渝城市群发展规划》提出了成渝城市群的五大任务:一是实施生态共建、环境共治,严格保护长江上游重要生态屏障,强化水资源安全保障,建设绿色城市。二是壮大装备制造、生物医药、农林产品加工等优势产业集群,发展商贸物流、旅游、文化创意等现代服务业,有序承接产业转移。三是进一步扩大开放,推动中外产业和创新合作平台建设,依托长江黄金水道和铁路、公路网络,畅通对内对外开放通道。加快交通、能源、水利、信息等基础设施互联互通。四是建立成本共担、利益共享的协同发展机制,推动资本、技术等市场一体化,因地、因城施策,促进劳动力等生产要素自由流动和农业转移人口市民化,鼓励农民就地创业就业。五是统筹城乡发展,以工促农,以城带乡,推动基本公共服务均等化,加快脱贫攻坚和民生改善。①

4.3.7 依法治国新进程

中共十八大报告中指出,要"全面推进依法治国""法治是治国理政的基本方式"。以习总书记为代表的新一代中央领导集体,把法治看作是治国理政的

---

① 《成渝城市群发展规划》获批 确立五大发展任务[N]. 华西都市报,2016-03-31.

基本方式,足见法治在我们国家治理体系和治理能力现代化中的重大作用和地位,在国民经济、区域经济公共治理体系中将更加注重法治,使得都市圈的公共治理更加科学有序。2012 年 12 月 4 日,在首都各界纪念现行宪法公布施行 30 周年大会上,习总书记说过,各级领导干部要提高运用法治思维和法治方式深化改革,推动发展,化解矛盾,维护稳定,努力推动形成办事依法、遇事找法、解决问题用法、化解矛盾靠法的良好法治环境,在法治轨道上推动各项工作。这将有利于在依法治国的大框架下,积极推动都市圈公共治理改革,解决都市圈经济一体化过程中的种种困难和阻碍,加速推动都市圈经济的发展。

<table>
<tr><td>第
五
章</td><td># 成渝都市圈的定位、目标
与任务</td></tr>
</table>

5.1 成渝都市圈的发展定位

5.1.1 总体定位:中国"第四极"

总体定位是优先发展成渝地区,整合构建成渝都市圈,将成渝都市圈定位为中国发展战略的"第四极",使其成为我国中西部城镇化人口聚集最大的空间载体,继而带动整个长江上游的经济发展,最终使成渝都市圈成为西部乃至全国的经济增长极,辐射大西部。成渝都市圈是西部大开发的核心地带,经济总量约占西部经济的 1/4 和全国的 6.15%,而且是少有的双核心都市圈。

推动成渝都市圈成为国内经济增长"第四极",这既是一种历史积累的必然趋势,也是国家新一轮经济发展的需要。从区域协调发展和中央对西部大开发战略调整两方面来考虑,东部地区业已确立起在全国经济版图中的比较优势,"珠三角"、"长三角"、京津冀发展势头不减;而自振兴东北老工业基地战略实施以来,东北三省正联手掀起一轮发展狂飙;"中部塌陷"问题也受到中央的高度重视。因此,应加快成渝都市圈的发展步伐,提升其为国内经济增长的"第四极",以成渝都市圈带动西部的发展,促进区域经济、国民经济持续良性发展。

5.1.2 实现"两个大局"战略的重要平台

改革开放之初,邓小平同志从中国现代化建设的战略层面,提出了"两个大局"的思想。经过前三十余年的率先发展,形成了"长三角""珠三角""环渤海"三大增长极,引领沿海并支撑中国经济的高速增长,基本实现了第一个大局。面对东西部差距,中央提出了区域统筹发展的指导方针,在区域发展上继续鼓励东部率先发展的同时,十分注重东部开发向西部的推进,形成东中西联动发展的良性格局,先后实施了西部大开发、中部崛起等战略,以此推动中西部地区又好又快地发展,实现第二个大局。目前,我国城镇化水平呈现东高西低特征,"长三角"、"珠三角"、京津冀都市圈均处于东部沿海地区,城镇化水平也较高。广大的中西部地区尚没有国家层面的都市圈,这对于西部大开发的深入推进、科学布局和发展都市圈是不利的。中央提出,在西部大开发中,"要扎实推进成渝等重点经济区发展,建成具有全国影响的经济增长极",要求成渝地区"在带动西部地区发展和促进全国区域协调发展中发挥更为重要的作用"。建设成渝都市圈,在中国西部战略腹地布局这一重要的标志性都市圈,能提高国土空间利用效率,起到经济社会发展的引领作用,成为实施"两个大局"战略的重要平台。

5.1.3 西部参与国际竞争的战略门户

在经济全球化和区域经济一体化的大背景下,加快西部对外开放进程,承接国际资本、产业、技术转移,参与国际竞争,在更大的空间范围实现要素的优化配置,是新一轮西部大开发战略的重要举措,也是我国对外开放战略的重要组成部分。成渝都市圈区位优势及现有基础和条件较好,是西部地区外向型经济发展较好的区域。加快培育成渝都市圈,增强群体性竞争优势,抱团式发展,使之成为西部参与国际竞争的战略门户,有利于推动西部内部地区对外开放进程,拓展国际资本、产业、技术进入的空间范围,推动我国对外开放进一步向深度和广度发展。

5.1.4 东部开发向西部推进战略枢纽

成渝都市圈背靠长江黄金出海通道,地处我国东中西战略结合部。北与西部的"陇海—兰新"经济带接壤;南与"南—贵—昆"经济重点区域相邻,通过渝怀铁路、渝黔高速等通道与"珠三角"贯通;东面通过长江黄金水道与长江中游的武汉都市区、长江下游的"长三角"遥相呼应,在我国"东中西"三大区域之间及我国经济布局向内拓展战略中,承担着承接转换的战略枢纽功能。加快培育成渝都市圈,打造中国西部增长极,有利于增强战略枢纽功能,在国家经济布局向内拓展战略中更好地发挥战略支撑作用,带动和辐射长江上游广大地区发展。

5.1.5 西部地区科学发展的示范平台

成渝都市圈是中国西部重要的人口、城镇、产业集聚区,也是典型的城乡二元化结构比较明显的区域,具有标本意义。此区域工业实力雄厚,农业开发历史悠久,又是国务院批准的"全国统筹城乡综合配套改革试验区",在以工促农、以城带乡方面积累了一些成功经验,亟须以新型工业化、信息化、城镇化、农业现代化为引领使之加速发展。加快培育成渝都市圈,有助于探索信息化和工业化深度融合、工业化和城镇化良性互动、城镇化和农业现代化相互协调的科学发展模式,在西部欠发达地区发挥科学发展的创新和示范效应。

5.2 成渝都市圈的阶段目标

5.2.1 整体集聚期(2016—2020)

2016—2020 年,成渝都市圈总体上处于都市圈发展的第二个时期,也就是整体集聚期。到 2020 年,成渝都市圈将成为我国东部开发向西部推进的战略枢纽,为西部地区科学发展打造良好的示范平台,同时其核心竞争力逐渐增强,在我国全面建成小康社会的过程中发挥巨大的作用。

在这一阶段,成渝两大城市与其他城市共同集聚外部要素,共同快速成长。这一阶段与内外部环境的巨大变化息息相关,例如全球性的信息技术革命、以"互联网+"为代表的产业转型升级以及产业的国际转移和国内的"二次产业转移"等。成渝两大城市将表现出外部集聚而内部扩散的特征,其首位度有所下降,都市圈内部差异有所缩小。其他成员城市充分享受了首位城市的外部经济,整个都市圈范围内的成员城市也进入对外部要素的吸聚过程,并迅速壮大。

5.2.2 内部分化期(2020—2030)

从 2020 年至 2030 年,成渝都市圈将进入内部分化期。到 2030 年,成渝都市圈的内陆开放将持续推进,产业国际竞争力逐步增强,成为西部参与国际竞争的战略门户,同时由于在国民经济中的战略地位增强,将成为我国实现"两个大局"战略的重要平台。

在这一阶段,成渝两大城市能量大大增强,将从区域性的中心向全国性乃至全球性城市演变,直接腹地范围也将进一步扩大,不仅表现在它直接影响的城市将更多,而且参加全球劳动分工和区域资源配置的能力将大大增强。这一阶段成渝两大城市与其成员城市之间开始产生比较活跃的相互作用,总的演变方向是按功能层次分化,逐步校正第二阶段快速成长过程中的"无组织无纪律"行为,按照等级体系调整经济活动的布局。在这一过程中,首位城市的首位度会再次上升,同时还将出现次一级的中心城市。

5.2.3 整体成熟期(2030—2050)

从 2030 年至 2050 年,成渝都市圈将进入整体成熟期。到 2050 年,成渝都市圈的中心城市集聚与辐射效应将很明显,城市等级体系完善,市场机制在资源配置过程中发挥基础性作用,竞合机制完善,产业国际竞争力强大。成渝都市圈在我国国民经济乃至全球经济发展中将发挥举足轻重的作用,成为我国经济的"第四极"。

在这一阶段,都市圈内的首位城市、次中心城市和其他成员城市之间的关系将进入比较协调的状态,其整体功能的空间布局进入一个有序的状态;首位城市与次中心城市之间、次中心城市与其他成员城市之间、其他成员城市之间的联系将大大增强,要素配置、物质生产与产品流动高效而有序。城市首位度趋于稳定,整个都市圈的人口和面积也趋于稳定。成渝都市圈将在一定程度上扮演世界政治、经济、文化枢纽的角色,并影响全球资源和财富的分配。

5.3 成渝都市圈的重点任务

5.3.1 优化城市空间

《国家新型城镇化规划(2014—2020 年)》强调,要优化城镇规模结构,增强中心城市辐射带动功能,加快发展中小城市,有重点地发展小城镇,促进大中小城市和小城镇协调发展。同时,要适应新型城镇化发展的要求,提高城市规划的科学性,加强空间开发管制,健全规划管理体制机制,严格建筑规范和质量管理,强化实施监督,提高城市规划管理水平和建筑质量。把以人为本、尊重自然、传承历史、绿色低碳理念融入城市规划全过程。

5.3.2 夯实支撑体系

支撑体系是都市圈经济模式的重要前提和基础。《国家新型城镇化规划(2014—2020 年)》提出,要稳步推进义务教育、就业服务、基本养老、基本医疗卫生、保障性住房等城镇基本公共服务覆盖全部常住人口,使基础设施和公共服务设施更加完善,消费环境更加便利,生态环境明显改善,空气质量逐步好转,饮用水安全得到保障;自然景观和文化特色得到有效保护,城市发展个性化,城市管理人性化、智能化。

5.3.3 强化公共治理

《国家新型城镇化规划(2014—2020年)》提出,要建立城市群发展协调机制;统筹制定实施城市群规划,明确城市群发展目标、空间结构和开发方向,明确各城市的功能定位和分工,统筹交通基础设施和信息网络布局,加快推进城市群一体化进程;加强城市群规划与城镇体系规划、土地利用规划、生态环境规划等的衔接,依法开展规划环境影响评价。中央政府负责跨省级行政区的城市群规划编制和组织实施,省级政府负责本行政区内的城市群规划编制和组织实施。建立完善跨区域城市发展协调机制,以城市群为主要平台,推动跨区域城市间产业分工、基础设施、环境治理等协调联动;重点探索建立城市群管理协调模式,创新城市群要素市场管理机制,破除行政壁垒和垄断,促进生产要素自由流动和优化配置;建立城市群成本共担和利益共享机制,加快城市公共交通"一卡通"服务平台建设,推进跨区域互联互通,促进基础设施和公共服务设施共建共享,促进创新资源高效配置和开放共享,推动区域环境联防联控联治,实现城市群一体化发展。

5.3.4 推动产业融合

《国家新型城镇化规划(2014—2020年)》强调指出,加快转变城市发展方式,优化城市空间结构,增强城市经济、基础设施、公共服务和资源环境对人口的承载能力,有效预防和治理"城市病",建设和谐宜居、富有特色、充满活力的现代城市。调整优化城市产业布局和结构,促进城市经济转型升级,改善营商环境,增强经济活力,扩大就业容量,把城市打造成创业乐园和创新摇篮。产业融合既是成渝都市圈经济一体化发展的重要目标,也是实现成渝都市圈经济一体化发展的重要路径。推进区域产业融合,涉及的关系广、层面多、敏感性强，一直是区域合作发展的难点所在。成渝都市圈的产业发展存在"产业同构"现象，这源于视野不够广阔、融合机制不健全。站在都市圈建设视角，以市场机制为导向、以竞争合作为基础的广域产业集群是促进成渝都市圈产业融合的"利器"。

5.3.5 建设经济走廊

高铁所带来的不仅仅是速度上的飞跃，更重要的是它将会为沿线城市的产业结构、发展理念、空间范围带来巨大变化。成渝高铁建成后，高速度、大密度的公交化运输方式，将进一步拉近成渝高铁沿线城市间的距离，扩大沿线居民的工作和生活范围，改变市民的生活观念和习惯。以成渝城际铁路建成通车为契机，以原有的成渝经济走廊为依托，打造高铁经济走廊，有助于推动成渝都市圈经济一体化进程。

第
六
章

空间布局：打造"西部天眼"

6.1 都市圈空间布局概述

6.1.1 都市圈的空间结构

从静态角度来看，都市圈彼此有着自身的结构，将都市圈的各个组成部分有机组合，使其成为一个能高效运转的复杂经济系统，进而将各个城市连接为统一的、整体的网络，这就是都市圈的空间结构。都市圈的空间结构是都市圈经济效应发挥的空间基础，是都市圈经济模式的静态描述。理解和把握都市圈的空间结构，有助于我们更加深入地认识都市圈经济的运行规律，进而采取对应的措施促进都市圈经济的发展。当然，都市圈的空间结构，仅仅是都市圈的静态特征，单纯的空间结构建设是没有意义的，必须要结合空间经济联系规律方能促进经济发展。

科学合理的空间规划是都市圈的重要特点，也是该区域经济模式的重要构件。孙继琼认为，城市体系是区域经济的骨架，是带动区域经济增长的有效载体。[1] 熊崝认为，城市网络化是一个区域经济发展的必经阶段。城市经济网络是区域一体化供求运作的空间效应，其网络结构越稳定，城市间经济联系

---

[1]　孙继琼.成渝经济区城市体系规模结构实证[J].经济地理,2006,06:957-960.

越强,越能促进生产要素的流通和有效配置,从而带动区域经济的协调发展,推动区域经济的一体化进程。① 李钒、侯远志认为,在城市群的建设过程中存在着城市规模不合理、管理体制不顺、城市群内部结构不完善等问题,应从建立协调沟通的政策体系和政府服务体系、构建高效的基础设施、完善城市布局、促进城市群中各城市之间的优势互补和协调发展等方面加以改善。② 杨莎莎通过构建川渝城市群城市综合发展水平评估指标体系,运用主成分分析与层次聚类分析相结合的综合集成评估方法,对川渝城市群城市综合发展水平进行评估与比较,将各城市按综合发展水平分为缩短领先型、挑战型和追赶型三个集团,并分别从各集团城市综合发展水平层面和影响城市综合发展水平的各个因素层面对川渝城市群城市综合发展水平的提升提出了相关政策建议。③ 裴丽岚认为,波士顿矩阵的应用法则可作为城市群内不同类别城市之间战略发展关系分析的一般方法。针对川渝城市群,从波士顿矩阵的基本理论入手,对川渝城市群内部的城市进行分类,然后结合波士顿矩阵的应用法则,分析不同类别城市之间的战略地位和发展关系。④

6.1.2 都市圈的空间构成

都市圈的空间结构包括三个部分,即城市极点、实体网络和空间基体。城市极点、实体网络和空间基体通过经济社会相互作用,连为一个统一的有机整体,它们共同构成了都市圈系统。它们之间的相互作用方式、联系方式、构成方式等共同决定着都市圈的地域特征、发展特征和运行效率。

① 熊峙.成渝经济区城市网络化发展研究[D].重庆工商大学,2012.
② 李钒,侯远志."关中城市群"发展的现状、问题及对策——基于"关中城市群"与"川渝城市群"的对比分析[J].经济与管理,2008,08:16-19.
③ 杨莎莎.川渝城市群城市综合发展水平非均衡差异研究[J].市场论坛,2011,07:17-19.
④ 裴丽岚.基于波士顿矩阵及应用法则分析川渝城市群的战略发展[J].河北科技大学学报,2010,01:74-80.

1.城市极点

都市圈空间结构中所指的城市极点就是指都市圈城市体系中那些不同级别、规模、类型的城镇。它们在都市圈中扮演着中心枢纽的作用。尽管其作用方式、能量高低各异,职能有所不同,但是正是它们的存在,使得都市圈成为一个在经济上高效运转的复杂系统,都市圈经济效应就是这些城市极点经济互动的结果。都市圈的城市极点呈现金字塔式的等级分布。都市圈内部各级城市极点的发展程度,在很大程度上决定了都市圈系统发展阶段。各级城市极点越发达,都市圈的空间结构越趋于完善,其经济效应可能越明显。

2.实体网络

都市圈的实体网络是指都市圈内部城市间紧密经济联系赖以依存的实体网络,它包括都市圈内部的基础设施网络、产业网络、市场网络、职能组织网等。也就是说,都市圈经济是以实体经济的形式存在的,而城市极点正是依赖于密集的实体网络,方能彼此相互连接,从而形成一个有机体,凸显其圈域经济效应。

3.空间基体

都市圈的空间基体指镶嵌在城市之间的广大乡村地区。都市圈空间基体体量巨大,发展空间很大,在都市圈经济发展中发挥着重要的作用。一方面,空间基体是都市圈赖以生存和发展的基础,基体的发达程度在某种程度上决定着都市圈发展的持续性和质量;另一方面,空间基体为都市圈提供养分,输送血液,它们在都市圈发展中提供原材料、劳动力、市场等,并在都市圈形成初期积累各种发展资金。[①]

---

① 刘加顺. 都市圈的形成机理及协调发展研究[D]. 武汉理工大学,2005.

6.2 成渝都市圈空间结构的现状与问题

6.2.1 成渝都市圈空间结构的发展现状

1.中心城市发展现状

成渝都市圈是双核型都市圈,包括两大中心城市,即成都市和重庆市。总体而言,成渝两大中心城市既是西部重要的增长极,又是成渝都市圈的核心城市。经过多年的发展积淀,成渝两大中心城市具有较强的集聚和扩散能力,经济势能高,能够较好地发挥都市圈中心城市功能。

成都具有较好的发展基础和态势。1993 年,成都被国务院确定为西南地区的科技、商贸、金融中心和交通、通信枢纽,是设立外国领事馆数量最多、开通国际航线数量最多的中西部城市;2015 年由国务院批复并升格为国家重要的高新技术产业基地、商贸物流中心和综合交通枢纽,西部地区重要的中心城市。2014 年 10 月 2 日,四川天府新区获批成为国家级新区,天府新区成为云贵川渝地区的第 3 个国家级新区。2014 年 11 月 24 日,《四川天府新区总体方案》已经国务院同意并正式印发。到 2025 年,四川天府新区将基本建成以现代制造业为主、高端服务业集聚、宜业宜商宜居的国际化现代新区。2015 年,成都市实现地区生产总值(GDP)10 801.2 亿元,按可比价格计算,比上年增长 7.9%。其中,第一产业实现增加值 373.2 亿元,增长 3.9%;第二产业实现增加值 4 723.5 亿元,增长 7.2%;第三产业实现增加值 5 704.5 亿元,增长 9.0%。按常住人口计算,人均生产总值 74 273 元,增长 6.6%。第一、二、三产业比例关系为 3.5∶43.7∶52.8。全年一般公共预算收入 1 157.6 亿元,比上年增长 12.9%,其中,税收收入 800.1 亿元,增长 3.3%。全年一般公共预算支出 1 468.4 亿元,增长 9.6%。①

重庆也具有良好的发展态势,潜力巨大。重庆是我国直辖市之一,五大国家中心城市之一,长江上游地区经济中心、金融中心和创新中心,国务院定位的国际大都市,中西部水、陆、空型综合交通枢纽。1997 年 6 月 18 日恢复成立中央直辖市后,重庆老工业基地改造振兴步伐加快,形成了电子信息、汽车、装备制造、综合化工、材料、能源和消费品制造等千亿级产业集群,农业农村和金融、商贸物流、服务外包等现代服务业快速发展。重庆拥有中新(重庆)战略性互联互通示范项目、国家级新区——两江新区、渝新欧国际铁路、重庆两路寸滩保税港区、重庆西永综合保税区、重庆铁路保税物流中心、重庆南彭公路保税物流中心、万州保税物流中心、过境 72 小时内免签,进口整车、水果、肉类等口岸。2010 年 5 月 5 日,国务院正式印发《关于同意设立重庆两江新区的批复》(国函〔2010〕36 号),批准设立重庆两江新区。2010 年 6 月 18 日,两江新区正式挂牌成立。两江新区是国家推进新十年西部大开发的重要突破口,是新时期国家发展战略转型的新载体。2011 年 3 月 14 日,全国人大常委会批准将"推进两江新区开发开放"纳入国家"十二五"规划。2015 年,重庆实现地区生产总值 15 719.72 亿元,比上年增长 11.0%。按产业分,第一产业增加值 1 150.15 亿元,增长 4.7%;第二产业增加值 7 071.82 亿元,增长 11.3%;第三产业增加值 7 497.75 亿元,增长 11.5%。第一、二、三产业结构比为7.3∶45.0∶47.7。非公有制经济实现增加值 9 637.53 亿元,增长 11.1%,占全市经济的 61.3%,其中,民营经济实现增加值 7 809.35 亿元,增长 12.2%,占全市经济的 49.7%。按常住人口计算,全市人均地区生产总值达到 52 330 元(8 402 美元),比上年增长 10.1%。全年一般公共预算收入 2 155.10 亿元,比上年增长 12.1%。其中,税收收入 1 450.88 亿元,增长 13.2%。一般公共预算支出 3 793.82 亿元,增长 14.8%。年末全市常住人口 3 016.55 万人,比上年增加 25.15 万人。城镇化率 60.94%,比上年提高 1.34 个百分点。年末户

① 2015 年成都市国民经济和社会发展统计公报[R].http://sichuan. scol. com.cn/tfcj/201605/54573915.html, 2016-05-23.

籍总人口 3 371.84 万人,其中,城镇人口 1 391.02 万人,乡村人口 1980.82 万人。截至 2015 年,全市共有各类市场主体 193.79 万户,比上年增长 12.7%,其中,内资企业 58.17 万户,外资企业 0.54 万户,个体工商户 132.45 万户,农民专业合作社 2.62 万户。2015 年新发展微型企业 8.82 万户,年末微型企业达 44.58 万户,增长 24.7%。①

2.城市体系概况

总体而言,成渝都市圈具有较为完善的城市等级体系,这有利于这一区域的发展。就中心城市而言,成渝都市圈是双中心城市型都市圈。中心城市成都、重庆非农业人口分别为 430.9 万、511.8 万,均为超大型城市。就地级市而言,成渝都市圈拥有自贡、泸州、德阳、绵阳、广元、遂宁、内江、乐山、南充、眉山、宜宾、广安、达州、雅安、巴中、资阳等 16 座城市,以及涪陵区、长寿区、江津区、合川区、永川区、南川区、綦江区、大足区、万州区、铜梁区、荣昌区、璧山区和黔江区等 13 座城市;在县级市层面,成渝都市圈拥有都江堰市、彭州市、邛崃市、崇州市等 13 座县级市;由于直辖体制,重庆部分还有潼南县等 16 座副厅级建制县;另外,成渝都市圈拥有金堂县、双流县、郫县、大邑县、蒲江县等 75 个县,如表 6-1 所示。

从城市等级来看,成渝都市圈拥有成都、重庆两座超大型城市;拥有自贡、泸州、绵阳、广元、乐山、南充、江津区、合川区、綦江区、万州区、开县、双流县等 10 座大型城市;拥有德阳、广元、遂宁、内江、眉山、宜宾、广安、达州、巴中、资阳、涪陵区、长寿区、永川区、大足区、黔江区、彭州市、邛崃市、广汉市、江油市、阆中市、简阳市、金堂县、郫县、富顺县、三台县、射洪县、南部县、仁寿县、达县、大竹县、渠县等 31 座中型城市;拥有雅安、都江堰市、崇州市、绵竹市、峨眉山市、华蓥市、大邑县、新津县、荣县、泸县、合江县、叙永县、中江县、旺苍县、苍溪县、蓬溪县、资中县、威远县、隆昌县、犍为县、西充县、营山县、仪陇县、蓬安县、彭山县、宜宾县、岳池县、武胜县、邻水县、宣汉县、平昌县、通江县、南江县、安

---

① 2015 年成都市国民经济和社会发展统计公报[R].http://sichuan. scol. com.cn/tfcj/201605/54573915.html, 2016-05-23.

岳县、乐至县、南川区、潼南县、梁平县、巫山县、巫溪县、武隆县、石柱县、彭水县等43座小型城市，如表6-2所示。

另外，成渝都市圈还拥有万源市（9.8万人）、什邡市（9.5万人）、蒲江县（7.1万人）、古蔺县（8万人）、罗江县（4.7万人）、安县（6.3万人）、梓潼县（6.3万人）、平武县（6.6万人）、北川县（2.9万人）、盐亭县（9.5万人）、剑阁县（8.1万人）、青川县（4.2万人）、大英县（9.8万人）、井研县（8.8万人）、夹江县（7.2万人）、沐川县（4万人）、峨边县（2.5万人）、马边县（2.8万人）、洪雅县（9.1万人）、丹棱县（3.4万人）、青神县（3.6万人）、宜宾县（11.9万人）、南溪县（8.1万人）、江安县（7.7万人）、长宁县（5.5万人）、高县（6.5万人）、筠连县（9.2万人）、珙县（5.2万人）、兴文县（5.3万人）、屏山县（3.8万人）、开江县（9万人）、名山县（3.5万人）、荥经县（3.9万人）、汉源县（3.2万人）、石棉县（3.7万人）、天全县（2.7万人）、芦山县（3万人）、宝兴县（1.2万人）等38座非农业人口不足10万人的城市，如表6-1所示。

从城市化水平来看，若将重庆主城九区视作独立城市单元，并将原重庆市的六大中心城市万州区、黔江区、涪陵区、合川区、永川区、江津区以及长寿区，原有的南川市（现为南川区），新设的綦江区、大足区、璧山区、铜梁区和荣昌区视作城市主体，那么成渝都市圈的城市（县级市以上）总数达到40座（四川地级市以上17座，县级市13座，重庆部分14座），那么成渝都市圈每万平方千米有1.42座城市。若将重庆除主城九区外的区县全部作为城市主体，那么成渝都市圈的城市总数将达到60座（四川部分县级市以上30座，重庆部分30座），那么每一万平方千米城市数将达到惊人的2.24座。目前，西部地区每一万平方千米城市数仅0.24座，成渝都市圈远远高出西部地区。

表 6-1 成渝都市圈城市等级体系

单位:万人

区域分布	中心城市		地级市(区)		县级市		县	
	城市	非农业人口(市辖区)	城市	非农业人口(市辖区)	城市	非农业人口(市辖区)	城市	非农业人口(市辖区)
四川部分	成都	430.9			都江堰市	17.3		
					彭州市	26		
					邛崃市	21.9		
					崇州市	18.1		
							金堂县	22.4
							双流县	53.3
							郫县	23.8
							大邑县	19.3
							蒲江县	7.1
							新津县	10.8
			自贡	64.2			荣县	17.2
							富顺县	24
			泸州	50.2			泸县	10.1
							合江县	12.4
							叙永县	11.1
							古蔺县	8
			德阳	37.6	广汉市	20.6		
					什邡市	9.5		
					绵竹市	13.2		
							中江县	17.8
							罗江县	4.7

续表

区域分布	中心城市		地级市(区)		县级市		县	
	城市	非农业人口（市辖区）	城市	非农业人口（市辖区）	城市	非农业人口（市辖区）	城市	非农业人口（市辖区）
四川部分					江油市	25.9		
			绵阳	67.2			安县	6.3
							梓潼县	6.3
							平武县	6.6
							北川县	2.9
							三台县	20.7
							盐亭县	9.5
			广元	32.8			剑阁县	8.1
							旺苍县	11.1
							青川县	4.2
							苍溪县	12.2
			遂宁	41.5			蓬溪县	10.7
							射洪县	24.2
							大英县	9.8
			内江	36			资中县	16.7
							威远县	17.5
							隆昌县	18.3

续表

区域分布	中心城市		地级市（区）		县级市		县	
	城市	非农业人口（市辖区）	城市	非农业人口（市辖区）	城市	非农业人口（市辖区）	城市	非农业人口（市辖区）
四川部分			乐山	51	峨眉山市	17.6		
							犍为县	13.7
							井研县	8.8
							夹江县	7.2
							沐川县	4
							峨边县	2.5
							马边县	2.8
			南充	63	阆中市	22.1		
							南部县	22.6
							西充县	12.8
							营山县	15.4
							仪陇县	17.4
							蓬安县	11.6
			眉山	32.5			仁寿县	30.2
							彭山县	12.2
							洪雅县	9.1
							丹棱县	3.4
							青神县	3.6

续表

区域分布	中心城市		地级市(区)		县级市		县	
	城市	非农业人口(市辖区)	城市	非农业人口(市辖区)	城市	非农业人口(市辖区)	城市	非农业人口(市辖区)
四川部分			宜宾	37.7			宜宾县	11.9
							南溪县	8.1
							江安县	7.7
							长宁县	5.5
							高县	6.5
							筠连县	9.2
							珙县	5.2
							兴文县	5.3
							屏山县	3.8
			广安	27.3	华蓥市	10.4		
							岳池县	16.1
							武胜县	12
							邻水县	16.3
			达州	26.8	万源市	9.8		
							达县	22.9
							宣汉县	19.8
							开江县	9
							大竹县	20.1
							渠县	20.6

续表

区域分布	中心城市		地级市（区）		县级市		县	
	城市	非农业人口（市辖区）	城市	非农业人口（市辖区）	城市	非农业人口（市辖区）	城市	非农业人口（市辖区）
四川部分			雅安	16.3			名山县	3.5
							荥经县	3.9
							汉源县	3.2
							石棉县	3.7
							天全县	2.7
							芦山县	3
							宝兴县	1.2
			巴中	27.5			平昌县	12.1
							通江县	10.5
							南江县	18.1
			资阳	22.8	简阳市	24.3		
							安岳县	18.3
							乐至县	14.4
重庆部分	重庆	（主城九区）	渝中区	55.64				
			大渡口区	21.56				
			江北区	54.34				
			沙坪坝区	67.10				
			九龙坡区	67.08				
			南岸区	56.69				
			北碚区	35.34				
			渝北区	67.17				
			巴南区	37.98				

续表

区域分布	中心城市		地级市(区)		县级市		县	
	城市	非农业人口(市辖区)	城市	非农业人口(市辖区)	城市	非农业人口(市辖区)	城市	非农业人口(市辖区)
重庆部分	涪陵区	48.18						
	长寿区	30.38						
	江津区	56.40						
	合川区	50.34						
	永川区	37.11						
	南川区	18.16						
	綦江区	51.05						
	大足区	33.60						
					潼南县	15.61		
	铜梁区	20.85						
	荣昌区	39.07						
	璧山区	27.57						
	万州区	77.76						
					梁平县	19.29		
					城口县	6.77		
					丰都县	23.52		
					垫江县	22.07		
					忠 县	23.04		
					开 县	50.69		
					云阳县	36.29		
					奉节县	22.06		
					巫山县	15.22		
					巫溪县	13.05		
	黔江区	23.62						

续表

区域分布	中心城市		地级市（区）		县级市		县	
	城市	非农业人口（市辖区）	城市	非农业人口（市辖区）	城市	非农业人口（市辖区）	城市	非农业人口（市辖区）
重庆部分					武隆县	11.57		
					石柱县	16.77		
					秀山县	22.00		
					酉阳县	23.11		
					彭水县	19.20		

资料来源：根据《重庆统计年鉴》《四川省统计年鉴》整理。

表6-2　成渝都市圈城市等级分布

单位：万人

超大型城市 (200万人以上)	特大型城市 (100万~200万人)	大型城市 (50万~100万人)	中型城市 (20万~50万人)	小型城市 (10万~20万人)
成都(430.9)、重庆(511.8)	无	自贡(64.2)、泸州(50.2)、绵阳(67.2)、广元(63)、乐山(51)、南充(63)、江津区(56.40)、綦江区(50.34)、万州区(77.76)、合川区(51.05)、双流县(50.69)、开县(53.3)	德阳(37.6)、广元(32.8)、遂宁(41.5)、内江(36)、眉山(32.5)、宜宾(37.7)、广安(27.3)、达州(26.8)、巴中(27.5)、资阳(22.8)、涪陵区(48.18)、长寿区(30.38)、永川区(37.11)、大足区(33.60)、黔江区(23.62)、彭州市(26)、邛崃市(21.9)、广汉市(20.6)、江油市(25.9)、阆中市(24.3)、简阳市(22.1)、金堂县(22.4)、郫县(24)、三台县(23.8)、富顺县(24)、射洪县(24.2)、南部县(20.7)、仁寿县(22.6)、大竹县(30.2)、达县(22.9)、渠县(20.1)、梁山县(20.6)	雅安(16.3)、都江堰市(17.3)、崇州市(18.1)、绵竹市(13.2)、峨眉山市(19.3)、华蓥市(10.4)、大邑县(17.6)、泸县(17.2)、新津县(10.8)、荣县(17.2)、叙永县(11.1)、合江县(12.4)、旺苍县(10.1)、中江县(17.8)、苍溪县(11.1)、蓬溪县(12.2)、资中县(10.7)、威远县(16.7)、隆昌县(17.5)、犍为县(18.3)、营山县(15.4)、仪陇县(13.7)、西充县(12.8)、蓬安县(15.4)、彭山县(11.6)、宜宾县(17.4)、岳池县(11.9)、邻水县(16.1)、通江县(12.2)、武胜县(16.3)、平昌县(12)、宣汉县(12.1)、南江县(19.8)、安岳县(18.1万)、乐至县(18.3)、潼南县(14.4)、南川区(18.16)、梁平县(15.61)、巫山县(19.29)、巫溪县(15.22)、武隆县(13.05)、石柱县(11.57)、彭水县(16.77)(19.20)
2座	0座	10座	31座	43座

资料来源：根据《重庆统计年鉴》《四川省统计年鉴》整理。

6.2.2 成渝都市圈空间结构的主要问题

1.中心城市的主要问题

根据原子结构理论,原子核的能量越大,对原子的吸引力越强。而都市圈的大小与中心城市的能级密切相关。中心城市集聚的能量越大,功能越强,对周边地区的吸引力越大,都市圈也就会越大。中心城市能级高低,可以用其经济势能来衡量。所谓中心城市经济势能就是指都市圈中心城市凭借其自身的资金、技术、人才和信息等优势,对于周边城市存在着潜在的经济影响,它很大程度上影响着极化功能、扩散功能和创新功能的发挥。都市圈中心城市经济势能主要不是解决中心城市与成员城市之间相互作用本身,而是关注它们之间相互作用的机遇或概率。

中心城市经济势能涉及三个指标,分别是资金利税率、基础设施指数和服务设施指数。其中,资金利税率是反映城市经济效益的综合指标,也是反映城市经济势能强弱的重要指标之一,通常资金利税率高的中心城市对周围城镇和地区具有较强的吸引力和辐射力;反之,其吸引力和辐射力则相对较弱。应用这一模型,我们可以计算出成渝都市圈和长三角都市圈、珠三角都市圈、京津冀都市圈、中三角都市圈的中心城市的经济势能指数。[①]

从计算结果来看,重庆、成都的经济势能指数都有很大程度的提高。2004年,重庆、成都的经济势能指数分别为1 167、1 391,与上海(170 597)经济势能指数相差巨大,与武汉(1 977)、南昌(1 456)、长沙(1 775)等城市的经济势能基本相当,处于略微的劣势。至2014年,重庆、成都的经济势能指数已经达到38 736、62 215,较2004年有了较大幅度的提升。与中三角都市圈的武汉(31 804)、南昌(15 314)、长沙(57 305)等城市相比,基本处在同一量级水平,略微具有一定的优势,这说明过去十年成都、重庆中心城市的集聚能力有较大幅度的增强。但是,与上海(209 452)、广州(201 655)、北京(141 449)等中心城市相比,尽管差距有所缩小但是仍然差距巨大。即使与南京(54 442)、杭州(61 791)相比也存在一定的差异,好在差距在缩小,如表6-3所示。

---

① 具体计算方法参见杨勇.《都市圈发展机理研究》[M]. 重庆:重庆出版社,2010.

表6-3　中心城市经济势能指数

城市名	地区生产总值（亿元）		资金利税率（%）		基础设施指数		服务设施指数		修正指数		经济势能指数		中心城市量级	
	2004	2014	2004	2014	2004	2014	2004	2014	2004	2014	2004	2014	2004	2014
重庆	2 665.39	14 263	5.52	6.93	4.31	31.01	3.62	8.18	0.44	2.72	1 167	38 736	3级	2级
成都	2 185.73	10 057	4.63	8.91	6.10	61.45	7.65	7.98	0.64	6.19	1 391	62 215	3级	2级
上海	7 450.27	23 568	13.73	8.80	8.20	79.62	31.73	21.37	5.48	8.89	40 845	209 452	1级	1级
杭州	2 515	9 206	7.36	8.41	6.33	67.68	11.98	12.13	1.35	6.71	3 389	61 791	3级	3级
南京	1 910	8 821	8.80	9.01	6.59	56.59	13.82	11.91	1.80	6.17	3 431	54 442	3级	3级
广州	4 115.81	16 707	11.03	9.60	9.44	108.10	18.74	17.63	3.11	12.07	12 793	201 655	2级	1级
北京	4 283.31	21 331	6.79	7.55	7.31	67.35	25.87	20.48	2.25	6.63	9 650	141 449	2级	1级
天津	2 931.88	15 727	9.77	1.23	4.58	36.84	13.61	9.41	1.78	0.57	5 210	8 947	3级	3级
武汉	1 956	10 069	6.38	6.08	5.45	42.59	10.39	9.36	1.01	3.16	1 977	31 804	3级	2级
南昌	1 007.7	3 668	8.50	8.30	6.37	43.30	10.63	7.00	1.45	4.17	1 456	15 314	3级	2级
长沙	1 108	7 825	9.9	14.67	5.80	41.40	10.38	8.52	1.60	7.32	1 775	57 305	3级	2级

资料来源：《中国城市统计年鉴2005》《中国城市统计年鉴2015》。

　　具体来看,2014 年重庆的基础设施指数为 31.01,服务设施指数为 8.18,资金利税率为 6.93%;成都的基础设施指数为 61.45,服务设施指数为 7.98,资金利税率为 8.91%。由于受地形等限制,重庆的基础设施建设成本较高、难度大,基础设施指数与成都具有较大的差距,这导致重庆的经济势能较成都低。从成渝都市圈的实际来看,成都、重庆两个超大城市确实具有较强的集聚和辐射能力。但是,由于成都、重庆的城市功能体系、产业分工体系等仍然有待完善,特别是在城镇化水平达到较高程度时,服务业发展相对滞后,这导致成都、重庆不仅不能为周边城市提供强大的功能支撑和良好的分工协作,反倒是与其存在较大的"同质竞争"。从这个角度讲,成都、重庆的产业发展层次亟待提升,功能体系有待完善,"强心"已经成为成渝都市圈发展必须面对的首要问题。

　　成渝都市圈经济空间存在城市等级规模结构不合理、城市职能结构紊乱、城市空间结构不尽合理、特大城市区域综合服务功能弱等一系列问题;在空间分布上,成渝都市圈经济空间呈现出 H 型布局及组团发展的特征;产业集聚、扩散,工业化、城市化发展,基础设施网络化建设,政府宏观调控是成渝都市圈经济空间形成的作用机制;成渝都市圈经济空间发展不仅面临着若干重大机遇,譬如国家层面规划推动、新的重化工业时代、统筹城乡综合配套改革试验区地位确立、区域对外交通运输通道建设等,而且还存在行政体制分割制约、受落后经济发展水平现状约束等主要障碍。[①] 成渝都市圈是天然的双核都市圈,两大中心城市"双核"效应的发挥受到种种因素的抑制,存在内耗现象,竞合机制有待完善。作为一个跨越四川省和重庆市的经济区,成渝都市圈能否跨越行政区经济与都市区经济的鸿沟,建立起科学有序、运行高效的公共治理体制,吸取上海经济区失败的教训,将是未来发展中必须正视的问题。成渝经济区分属四川和重庆两地管辖,行政区域与经济区划不一致。特别是成都和重庆在西部经济发展中的地位之争一直是一个不争的事实。"长三角"虽然也存在成渝经济区相同的问题,但是上海对整个"长三角"的影响是无法替代的,与成渝都市圈的双核之争是不相同的。"珠三角"的行政区划与经济区划整合

---

① 高红丽.成渝城市群城市综合承载力评价研究[D].西南大学,2011.

就比较好。重庆大学蒲勇健博士认为,"目前成渝两地的竞争更多的是一种'零和博弈',一方得益必然造成另一方受损,这种竞争的结果只能是两败俱伤"。只有以经济区划来融合行政区划,才能发挥成渝都市圈的区域优势,尽快发展壮大都市圈的规模。

2.城市体系的主要问题

成渝都市圈具有较好的城市体系,但"点—线—面—体"的城市格局尚未形成,中心城市与成员城市之间的共生机制和排斥效应仍未达到良性平衡,群体性的竞争优势有待塑造,广大中小城市亟待培育。与国内主要都市圈相比,成渝都市圈的城市等级体系仅仅比京津冀来得好。但是与"长三角""珠三角""中三角"相比,无论是城市的数量还是城市的分布,都存在较大的差距,如表6-4所示。

表 6-4　成渝都市圈与主要都市圈的城市体系比较

中心城市	地级市	县级市
上海 南京 杭州	镇江、常州、无锡、南通、苏州、扬州、嘉兴、宁波、绍兴、湖州、台州、舟山、泰州	丹阳、扬中、句容、溧阳、金坛、江阴、宜兴、启东、如皋、海门、常熟、张家港、昆山、吴江、太仓、仪征、高邮、海宁、平湖、桐乡、余姚、慈溪、奉化、诸暨、上虞、嵊州、临海、温岭、兴化、泰兴、靖江、姜堰
广州 (香港) (澳门)	韶关、肇庆、佛山、东莞、惠州、深圳、江门、珠海、阳江、清远、河源、中山	增城、从化、乐昌、南雄、高要、四会、台山、鹤山、开平、恩平、阳春、连州、英德
北京 天津	承德、唐山、保定、廊坊、张家口	遵化、迁安、定州、涿州、安国、高碑店、霸州、三河
武汉 长沙 南昌	孝感、鄂州、咸宁、黄石、黄冈、九江、上饶、抚州、鹰潭、宜春、萍乡、湘潭、益阳、娄底、株洲	应城、安陆、汉川、赤壁、大冶、麻城、武穴、仙桃、天门、潜江、瑞昌、德兴、贵溪、樟树、丰城、高安、共青城、湘乡、韶山、沅江、冷水江、涟源、醴陵

资料来源:杨勇.都市圈发展机理研究[M].重庆:重庆出版社,2010.

总体上说,成渝都市圈的城镇化水平不高。成渝都市圈所辖的范围较大,区域内各地区的差异较大。成都平原的投资环境较好,发展也较快,成都对周边的辐射也较多;重庆由于是直辖市,得到很多政策上的优惠和支持,带动周边地区发展也比较快;其他地区只凭各地区自然发展,发展速度较慢,虽然取得一定的成绩,但总体还比较低。

与此同时,成渝都市圈的城市等级体系存在断层现象,副中心城市发育迟缓。成渝都市圈中的德阳、绵阳算是实力较强的城市,而其 GDP 总量也只有成都的 1/6 左右,成渝两地之间的四川内江、重庆永川的经济实力则又更小,使成渝都市圈呈现显著的"哑铃状"。从非农业人口分布来看,成都、重庆的非农业人口都超过 200 万人,属于超大型城市;而成渝都市圈尚无城市非农业人口在 100 万~200 万人之间,这导致了副中心城市的断层,也就是说没有城市分担如"长三角"城市群如杭州、南京、苏州等城市所具有的功能。处在 50 万~100 万非农业人口的城市包括自贡(64.2 万)、泸州(50.2 万)、绵阳(67.2 万)、广元(32.8 万)、乐山(51 万)、南充(63 万)、江津区(56.40 万)、合川区(50.34 万)、綦江区(51.05 万)、万州区(77.76 万)、开县(50.69 万)、双流县(53.3 万)。结合地理区位情况,不难发现,绵阳市、万州区接近于 100 万非农业人口这一特大城市标准,尽管仍然存在一定的差距,如表 6-2 所示。

6.3 成渝都市圈空间布局的优化路径

6.3.1 优化城市空间

构筑都市圈的空间格局,完善都市圈城市等级体系,是推动都市圈发展的重要路径。刘晓鹰、王亚清提出,成渝都市圈是西部发展条件和已有基础均较好的地区,应在国家层面关注和川渝合作中,共建成渝改革试验区的繁荣。应用"椭圆城市群"城乡统筹理论，对成渝改革试验区建设的内容和目标以及面临的机遇和挑战做出新的诠释后发现，国家"十五"提出的西部大开发"三大地带"战略以及"十一五"规划提出的主体功能区建设等要求在成渝地区的落实有了更具可操作性的界定。① 而李光勤结合成渝经济区城市空间发展趋势提出，应加强城市群区域规划，改善城市群空间结构；以特大城市为依托，区域中心城市为支撑，培育区域增长极；加快产业的市场整合，发展战略型产业，打造中国西部（东南亚）制造中心；加快基础设施建设及网络化，增强区域辐射能力；加强区域规划的横向协调，实现与整个长江流域区域的联动发展。②

未来的成渝都市圈，其空间战略是构建以成都和重庆为焦点的椭圆形城市空间格局，如图 6-1 所示，形似"天眼"，凸显"中国第四极"之势。具体来说，成渝都市圈就是一个具有圈层结构的大椭圆，呈立体式分布。成渝都市圈具有双核型特征，两座中心城市处于东西结合、南北交汇的中间地带，经济较四周发达，具有辐射和吸引力。根据几何学原理，成都和重庆两个焦点作为一个整体，将对椭圆区域的其他点产生同等的影响效力；与此同时，一个焦点产生的辐射反射到另一焦点上，两焦点间将互为辐射聚合、感应互动和热线贯通，这样整个椭圆区域就在各点的相互影响下发挥出更大的效应，整体快速推进。整个都市圈遵循椭圆定律，将发挥出巨大的效应，形成难以取代的优势。③

成渝都市圈的圈层分布，大致可以分为三层：

（1）核心圈层：成渝都市圈核心圈层是指以成都、重庆两大中心城市为焦点，以都江堰和南川为端点，以遂宁和自贡为顶点的椭圆形区域，其中包含重庆市"一圈两翼"中的"一圈"部分，四川的乐山市、眉山市、内江市、自贡市、资阳市等。这一圈层是成渝都市圈最为核心的圈层，也是经济基础最好、城市体系最为完整的区域，在成渝都市圈经济发展中发挥着导向性作用。

---

① 刘晓鹰，王亚清.基于"椭圆城市群"的成渝经济区城乡统筹发展研究[J].重庆工商大学学报（西部论坛），2008，02：6-11，54.

② 李光勤.成渝经济区城市群空间结构研究[D].西南大学，2007.

③ 刘晓鹰，王亚清.基于"椭圆城市群"的成渝经济区城乡统筹发展研究[J].重庆工商大学学报（西部论坛），2008，02：6-11，54.

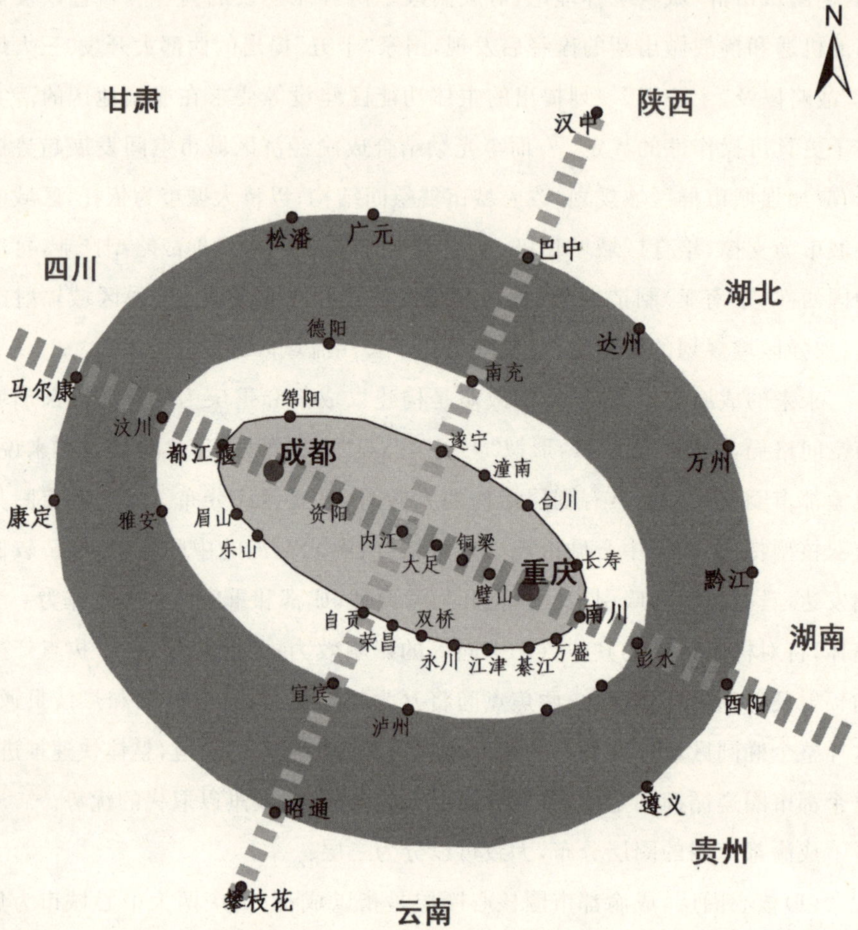

图 6-1 "西部天眼"——成渝都市圈的空间布局构想

（2）拓展圈层：成渝都市圈拓展圈层是指以汶川和彭水为端点、以南充和宜宾为顶点的椭圆形区域，其中包括雅安市、广安市、涪陵区、武隆县等。这一区域包括重庆主要的城市拓展区以及四川的部分资源条件较好的城市，中心城市在这一区域的集聚和辐射作用仍然较为明显，是成渝都市圈发展的重点区域，在成渝都市圈经济发展中发挥着支撑性作用。

（3）辐射圈层：成渝都市圈辐射圈层是指以马尔康和酉阳为端点、以巴中和昭通为顶点的椭圆形区域，其中包括广元市、巴中市、达州市等以及重庆的

"两翼"的核心部分等。这一区域是成渝都市圈的腹地和纵深所在,中心城市的集聚和辐射效应有限,但是又独具优势和特点,具有较大的发展潜力,在成渝都市圈经济发展中发挥着基础性作用。

6.3.2 塑造中心城市

1.明确中心城市发展方向

《国家新型城镇化规划(2014—2020年)》强调,要努力改造提升中心城区功能。推动特大城市中心城区部分功能向卫星城疏散,强化大中城市中心城区高端服务、现代商贸、信息中介、创意创新等功能。完善中心城区功能组合,统筹规划地上地下空间开发,推动商业、办公、居住、生态空间与交通站点的合理布局与综合利用开发。制定城市市辖区设置标准,优化市辖区规模和结构。按照改造更新与保护修复并重的要求,健全旧城改造机制,优化提升旧城功能。加快城区老工业区搬迁改造,大力推进棚户区改造,稳步实施城中村改造,有序推进旧住宅小区综合整治、危旧住房和非成套住房改造,全面改善人居环境。

成都、重庆两大中心城市的空间结构发展趋势如图6-2、图6-3所示,其基本思路是基于成都、重庆现有的空间基础,在原有基础上逐步依据"西部天眼"的空间格局,打造突破性都市圈的支撑体系,使成渝两大中心城市的集聚和扩散效应更加突出。围绕两大中心城市(成都市域、重庆主城九区),力求在一小时通勤半径范围内,逐步构建以中心城市为核心,以卫星城市、小城镇和农村为支撑的大都市区,进而形成都市圈的核心城市;以现有基础比较好的重庆的万州、涪陵、黔江以及四川的乐山、绵阳等区域性中心城市为重点,依托周边城市,打造次级都市圈。

2.优化中心城市产业结构

根据成渝两大中心城市资源环境承载能力、要素禀赋和比较优势,培育发展各具特色的城市产业体系,优化产业结构,推动产业转型升级,进而提升产业辐射能力。具体来说,一是要改造提升传统产业,淘汰落后产能,壮大先进

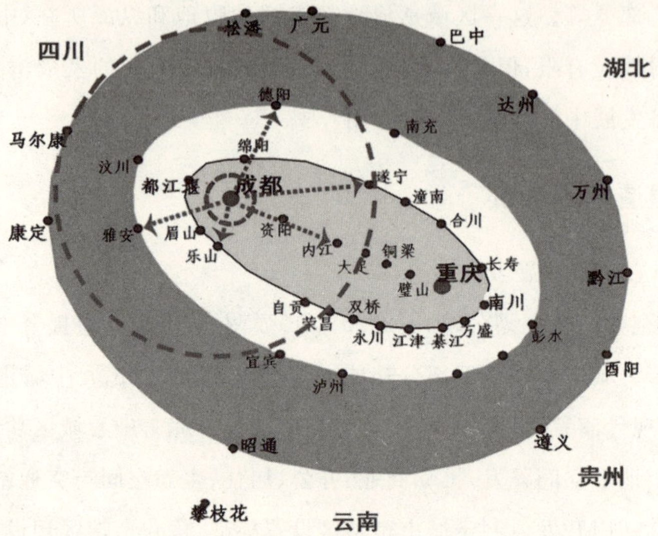

图 6-2　中心城市成都空间结构发展趋势图

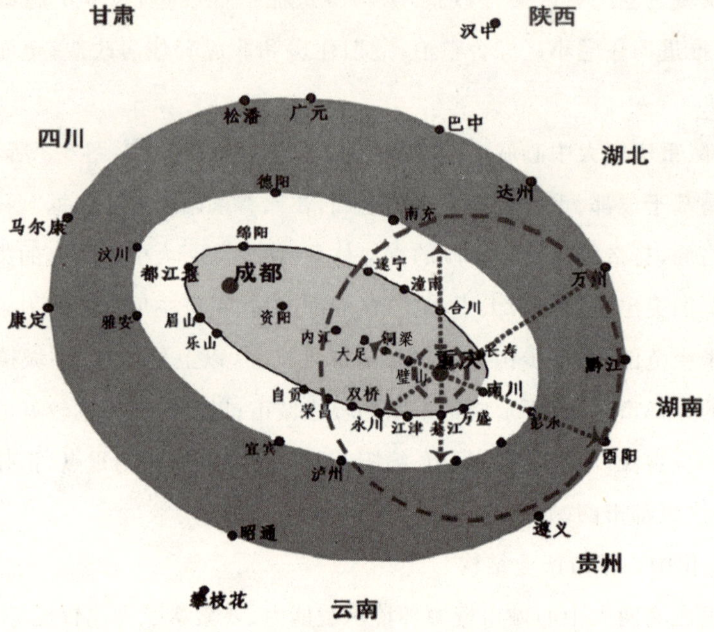

图 6-3　中心城市重庆空间结构发展趋势图

制造业,以及新一代信息技术、生物、新能源、新材料、新能源汽车等战略性新兴产业;二是要适应制造业转型升级的要求,推动生产性服务业专业化、市场化、社会化发展,引导生产性服务业在中心城市、制造业密集区域集聚;三是要适应居民消费需求多样化,提升生活性服务业水平,扩大服务供给,提高服务质量,推动特大城市和大城市形成以服务经济为主的产业结构;四是要强化城市间专业化分工协作,增强中小城市产业承接能力,构建大中小城市和小城镇特色鲜明、优势互补的产业发展格局。

3.增强中心城市创新能力

顺应科技进步和产业变革新趋势,发挥两大中心城市创新载体作用,依托科技、教育和人才资源优势,推动城市走创新驱动发展道路。营造创新的制度环境、政策环境、金融环境和文化氛围,激发全社会创新活力,推动技术创新、商业模式创新和管理创新。建立产学研协同创新机制,强化企业在技术创新中的主体地位,发挥大型企业创新骨干作用,激发中小企业创新活力。建设创新基地,集聚创新人才,培育创新集群,完善创新服务体系,发展创新公共平台和风险投资机构,推进创新成果资本化、产业化。加强知识产权运用和保护,健全技术创新激励机制。推动高等学校提高创新人才培养能力,加快现代职业教育体系建设,系统构建从中职、高职、本科层次职业教育到专业学位研究生教育的技术技能人才培养通道,推进中高职衔接和职普沟通。引导部分地方本科高等学校转型发展为应用技术类型高校。试行普通高校、高职院校、成人高校之间的学分转换,为学生多样化成才提供选择。

6.3.3 打造特大城市

《国家新型城镇化规划(2014—2020年)》提出,要努力增强中心城市辐射带动功能。直辖市、省会城市、计划单列市和重要节点城市等中心城市,是我国城镇化发展的重要支撑。沿海中心城市要加快产业转型升级,提高参与全球产业分工的层次,延伸面向腹地的产业和服务链,加快提升国际化程度和国际竞争力。内陆中心城市要加大开发开放力度,健全以先进制造业、战略性新兴产业、现代服务业为主的产业体系,提升要素集聚、科技创新、高端服务能力,发挥规模效应和带动效应。区域重要节点城市要完善城市功能,壮大经济实力,加强协作对接,实现集约发展、联动发展、互补发展。特大城市要适当疏散经济功能和其他功能,推进劳动密集型加工业向外转移,加强与周边城镇基础设施连接和公共服务共享,推进中心城区功能向1小时交通圈地区扩散,培育形成通勤高效、一体发展的都市圈。

培育特大城市,促进大城市发展,完善城市群的城市体系。成渝城市群内没有特大城市,使得城市等级体系出现断层,导致要素过度集中于两个核心城市,缩小了其他城市的发展空间,同时也弱化了两大核心城市的辐射作用。首先,应将生产要素等从两大核心城市转移到周边城市,川渝两政府的规划应落脚于整个城市群的发展,而非争做西部地区的领头羊。其次,系统论认为系统的各要素间有着高低、上下、内外和里表等不同层次之分。而成渝都市圈内没有特大城市,使得城市等级体系出现断层,所以要完善城市群的城市等级体系,将宜宾、绵阳、泸州、南充、自贡、万州等六个大城市发展成为特大城市。都市圈作为一个系统,其发展的实质是空间结构不断演化的过程,在这一过程中,层次不同的城市都向更高一级的层次发展,由此促进城市群形成、发展和成熟。所以,把成渝城镇化群内大城市发展成特大城市的同时,还应把具有潜力的中等城市发展成为大城市。总体而言,应该做到以下几点:(1)强化产业基础;(2)科学规划城市发展;(3)推进基础设施建设,营造良好的投资环境,吸引生产要素的集聚;(4)走可持续发展的道路;(5)根据自身的优势和特色实现产业结构的优化升级,使之逐步上升为大城市。

6.3.4 培育中小城市

《国家新型城镇化规划(2014—2020年)》提出,把加快发展中小城市作为优化城镇规模结构的主攻方向,加强产业和公共服务资源布局引导,提升质量,增加数量。鼓励引导产业项目在资源环境承载力强、发展潜力大的中小城市和县城布局,依托优势资源发展特色产业,夯实产业基础。加强市政基础设施和公共服务设施建设，教育医疗等公共资源配置要向中小城市和县城倾斜，引导高等学校和职业院校在中小城市布局，优质教育和医疗机构在中小城市设立分支机构，增强集聚要素的吸引力。完善设市标准，严格审批程序，对具备行政区划调整条件的县可有序改市，把有条件的县城和重点镇发展成为中小城市。培育壮大陆路边境口岸城镇，完善边境贸易、金融服务、交通枢纽等功能，建设国际贸易物流节点和加工基地。

中小城市建设，是成渝都市圈"点—线—面—体"的城市等级体系格局中的重要节点。因此，在成渝都市圈发展过程中，要大力培育中小城市发展。第一，要积极培育中小城市。在城镇化逐步进入成熟阶段后，在继续发挥中心城市的辐射作用的基础上，逐渐加强中小城市的建设，在土地、财政、人才、资金等方面适度向中小城市倾斜，增强其与中心城市的互动发展能力。第二，要加强小城镇建设。小城镇是都市圈经济基体的重要组成部分，处于都市圈等级体系的末端，数量大，分布广。要结合新农村建设，利用"一镇一品"等措施，不断加强中小城镇建设，为中小城市发展夯实根基。第三，要完善城市功能体系。在都市圈城市等级体系中，逐步调整各城市的产业结构，形成横向、纵向的产业分工体系，完善城市功能体系，达到都市圈内城市间经济的高度互补，这是中小城市可持续发展的不竭动力。

其中，对于小城镇建设，要按照控制数量、提高质量，节约用地、体现特色的要求，推动小城镇发展与疏解大城市中心城区功能相结合、与特色产业发展相结合、与服务"三农"相结合。大城市周边的重点镇，要加强与城市发展的统筹规划与功能配套，逐步发展成为卫星城。具有特色资源、区位优势的小城镇，要通过规划引导、市场运作，培育成文化旅游、商贸物流、资源加工、交通枢纽等专业特色镇。远离中心城市的小城镇和林场、农场等，要完善基础设施和公共服务，发展成服务农村、带动周边的综合性小城镇。对吸纳人口多、经济实力强的镇，可赋予同人口和经济规模相适应的管理权。

更为重要的是，要加快县域城镇化，重点打造中心城市和特大城市之外的节点城市，塑造连接城市与小城镇、农村的区域中心城市，进而能够形成"点—

线—面—体"的城市等级体系。与 2011 年公布的《成渝经济区区域规划》相比，成渝城镇群将渝东南和渝东北地区全部纳入其中。《成渝经济区区域规划》是从区域经济的发展角度，由中央做出的规划，而成渝城镇群则是从一个大区域经济的发展，从区域发展的基本特征、城市化的角度阐述的。由此，成渝都市圈涵盖的包括荣昌、潼南、璧山、隆昌、安岳等在内的 91 个县（其中，重庆都市圈 16 个县、成都都市圈 75 县）的县域城镇化面临空前的机遇和挑战。一方面，这些县将迎来难得的发展机遇，获得区域发展红利，借此推动县域经济发展；另一方面，由于受城镇规划建设水平、产业承载能力和体制机制所限，这些县有可能成为成渝都市圈城市等级体系中的短板，制约都市圈的发展。因此，有必要科学推进县域城镇化，壮大县域经济，完善城市等级体系，进而推动成渝都市圈的科学发展。具体来说：

1.以主体功能区建设定位为指导，引导县域城镇差异化发展。一是加强市级层面的统筹规划，引导各区县必须在国家主体功能区功能定位的前提下，将本地经济社会发展、土地利用、城乡建设、环境保护等规划与全市主体功能区规划衔接与叠合，加强规划的前瞻性，充分发挥各区县特色优势，通过差异化引导政策，实现差别化发展。二是对处于都市功能拓展区、城市发展新区的县域，应在优化整合已有都市圈的基础上，鼓励资源集约利用、自主创新、循环经济、清洁生产等，加快推进产业和人口聚集，提高城镇发展质量。三是对生态涵养发展区和生态保护发展区，应适度限制城镇发展速度和规模，重点发展好现有中心城镇，同时实行"内聚外迁"的城镇发展与人口政策，将重心放在生态环境保护上。在考核评价指标体系中加入生态指标体系，降低经济指标比重，探索加大省级、市级财政对完成生态涵养目标任务的转移支付力度，以及人类活动超载预警等机制，同时结合相关的就业培训、转移指导、对口支援移民、生态移民等政策积极推动人口迁出。四是积极争取中央支持，将成渝都市圈的县域城镇化发展纳入国家城镇化发展规划，由国家牵头编制成渝都市圈发展规划，突出成渝都市圈作为引领西部地区发展的国家级城市群的战略地位。

2.以强化规划管理为基础,提高县域城镇发展水平。一是科学规划,合理确定县域城镇用地规模、结构、布局和时序。走适度集中的城镇化道路,明确把中心城镇和重点小城镇建设作为县域城镇化重点,通过加强重点城镇的建设和重点小城镇培育,逐步形成功能结构合理、规模等级有序、产业各具特色的县域城镇体系,吸引农民向重点中心镇和新型社区集中,带动和促进县域城镇化科学发展。二是完善规划管理体制机制。建立发展目标责任制、首长问责制,理顺政府职能;建立结构合理、透明公开、廉洁高效的小城镇规划建设管理新体制;加强县域城镇规划人才队伍建设,将县域城镇规划建设急需人才列入市年度紧缺急需人才引进指导目录;充分发挥规划的指导和调控作用,提高县域城镇规划建设水平。三是提高县公共服务能力。发挥政府主导作用,加快县域城镇基础设施和公共服务设施建设,大力推进城乡公共服务均等化;加强对县域城镇居民环境保护意识的宣传教育,加大县域城镇环境污染治理力度,探索环卫保洁、园林绿化、道路养护等环境卫生管理长效机制,如表6-5所示。

表6-5 县城和重点镇基础设施提升工程

序号	类型	内容
1	公共供水	加强供水设施建设,实现县城和重点镇公共供水普及率85%以上
2	污水处理	因地制宜建设集中污水处理厂或分散型生态处理设施,使所有县城和重点镇具备污水处理能力,实现县城污水处理率达85%左右、重点镇达70%左右
3	垃圾处理	实现县城具备垃圾无害化处理能力,按照以城带乡模式推进重点镇垃圾无害化处理,重点建设垃圾收集、转运设施,实现重点镇垃圾收集、转运全覆盖
4	道路交通	统筹城乡交通一体化发展,县城基本实现高等级公路连通,重点镇积极发展公共交通

续表

序号	类型	内容
5	燃气供热	加快城镇天然气(含煤层气等)管网、液化天然气(压缩天然气)站、集中供热等设施建设,因地制宜发展大中小沼气、生物质燃气和地热能,县城逐步推进燃气替代生活燃煤,北方地区县城和重点镇集中供热水平明显提高
6	分布式能源	城镇建设和改造要优先采用分布式能源,资源丰富地区的城镇化新能源和可再生能源消费比重显著提高;鼓励条件适宜地区大力促进可再生能源建筑应用

资料来源:转引自《国家新型城镇化规划(2014—2020年)》。

3.以城镇产业发展为重点,提高县域城镇承载能力。一是着力发展特色产业。应立足各县域实际,明确县域城镇的功能定位,明确本地区产业发展主导方向,把产业做特、做强、做优、做大,形成合理的产业布局和各具特色的城镇经济,以产业发展繁荣城镇经济,以产业集聚带动人口集中。二是努力推进县域城镇产业的集群发展。应由省级、市级层面统筹布局,突破行政区划的禁锢,遵循"一体化规划、一体化建设、一体化发展"的规律,统筹规划县域城镇布局产业,实现县域城镇间的优势互补,让优势资源发挥最大效用。三是大力发展现代农业。按照"农业生产园区化、农业发展产业化"的思路,加大农产品加工特色基地(园区)建设力度,在县域形成以规模化、标准化、机械化为主要特征的现代农业,让农产品多层次、多环节地转化增值,提高农业综合效益,实现县域城镇化、新型工业化与现代化农业的良性互动和相互支撑。四是加强县域基础设施建设。加强县域交通路网建设力度,形成"出入便捷、县际连接、域内通达"的综合交通路网,缩短县域城镇与大城市之间的时空距离,增强其承接大城市辐射带动作用的能力,为县域城镇化建设筑牢基础。

4.以制度创新为保障,积极推进县域城镇综合改革。一是开展"扩权强镇"改革。学习浙江小城镇发展经验,按照"减放并举、能放就放、权责一致、提高效能"的原则,实行权力、人力、财力与责任挂钩,做到权责、人责和财责"三统一"。加快构建激励性财税体制,促进财力分配和权力配置向乡镇政府的延伸,强化中心镇政府规划建设、公共文化、农村科技、义务教育、就业和社会保障、公共医疗卫生等公共服务职能。二是积极探索县级金融体制创新。继续推动村镇银行、小额贷款公司、担保公司等新型金融机构发展,鼓励各商业银行在县域设立分支机构;鼓励有条件的县域政府设立产业发展引导资金,发挥财政资金的导向作用;建设小微金融交易市场,建设地方小微企业借贷服务中心,鼓励和支持金融机构面向县域城镇开展信贷产品和模式创新;建立多元化投资机制,吸引社会资金参与县域城镇基础设施和公共服务领域的建设和经营。三是探索集体建设用地参与城镇建设的新形式,挖掘农村集体用地价值潜力,缓解县域城镇建设资金瓶颈。如开放集体建设用地使用权入股、土地股份合作等多种集体建设用地流转模式。将集体建设用地纳入城乡统一的土地市场,完善配置方式,实行交易许可,保障集体建设用地所有权权益,打破城乡分治和城乡土地市场分割的现象。探索将财政投资、土地出让收入、银行贷款、招商引资、专项资金,有效引入县域城镇建设,建立县域城镇发展长效机制。四是加大省级、市级财政统筹力度,完善分税制和转移支付制度,适当调整各级财政收入分配机制,促进财力分配向县尤其是边远落后的县倾斜。加大公共财政投入,完善农民进城后的住房、医疗、就学、社保等政策,确保农业转移人口在城镇落户并享有与当地城镇居民享有同等的权益。

第
七
章

支撑体系：夯实发展平台

7.1 都市圈支撑体系概述

7.1.1 都市圈支撑体系的内涵

都市圈支撑体系区别于一般意义的基础设施建设，涵盖的范围更广，针对性更强。根据都市圈经济一体化理论，我们可以将都市圈支撑体系划分为三个层次，即公共服务体系、企业服务体系和个人服务体系。其中，公共服务体系是指那些对都市圈经济交流存在重大影响、具有公共产品性质的产品和服务，包括交通、通信、港口、互联网等；企业服务体系是指那些有利于企业实施跨地区经营的政策和制度，包括地区产业政策、工商注册流程、工商税务政策等；个人服务体系是指城市间共享的旨在促进都市圈人才流动的政策和制度，包括社会保障体系、教育资源共享、户籍管理制度、医疗保障制度等。

国内外都市圈发展实践表明，以基础设施为主体的支撑体系是都市圈经济发展的前提和基础。陈翔云认为，都市圈内部密切的经济联系有赖于强大的交通网络作为支撑，都市圈空间的发展也离不开交通的先导作用，这一切都对都市圈的交通系统提出了新的要求。[①] 张学辉等从人员流量和货运流量两

---

① 陈翔云.快速轨道交通与都市圈发展相互关系研究[D].长安大学,2005.

个方面,综合公路、铁路、水运、航空四种交通运输方式,并根据客运量、货运量体现四种运输方式的差异性,以及列车的直达和中转、长途和短途、高速公路和非高速公路的差异性,结合班次、时间和交通密度引入"有效时间距离",通过"农业人口调整系数"来反映中国特殊的社会经济背景,对城市引力模型进行了修正。通过运用修正前后的模型对川渝城市群内18个城市间的相互作用进行对比分析,发现修正后的模型更加符合现实。修正以前的模型更加强调"地理空间指向性",而修正后的模型更加强调城市之间的经济联系。[①] 郭艳玲提出,都市圈连接道路是都市圈区域路网的主骨架,除了通道高速公路外,其余都市圈连接道路的交通功能已经与公路、城市道路的交通功能有较大的差异。[②] 而张军华认为,都市圈连接道路是都市圈区域路网的主骨架,应结合都市圈的区域特性和服务水平特性,按照功能明确、层次分明、结构合理、交通分流的功能分类原则,对都市圈的连接道路进行功能分类,即都市圈连接道路可分为通道高速公路、主干线道路、次干线道路三类。[③] 赵长江认为,城际轨道交通线网规划是都市圈地区建设城际轨道交通的总体性规划,其线网架构和线路实施安排将对都市圈健康发展产生重大影响。[④] 崔玉娟认为,城际铁路具有快速、便捷、大运量、高密度、公交化的运输特点,同时它与客运专线具有功能互补的作用,因此城际铁路应尽量实现与客运专线网的"零"对接与"无缝"换乘,以更好地完善和发挥客运铁路网的作用。这就要求城际铁路的速度目标值在选取时主要以适应客流需求、与区域其他交通运输方式相协调、与沿线社会经济发展相适应为原则,体现有利于吸引客流、减少工程投资和运营成本的效益最大化原则。[⑤]

---

① 张学辉,王如渊,郭丽娟.基于有效时间距离的城市相互作用模型及其应用——以川渝城市群为例[J].西华师范大学学报(自然科学版),2010,02:183-191.
② 郭艳玲.都市圈连接道路功能分类与功能实现[D].长安大学,2009.
③ 张军华.都市圈连接道路交通设计技术研究[D].长安大学,2009.
④ 赵长江.都市圈城际轨道交通线网规划理论与应用研究[D].中国铁道科学研究院,2009.
⑤ 崔玉娟.城际铁路速度目标值研究[J].科技信息,2010,08:733-734.

7.1.2 都市圈支撑体系的目的

　　加强都市圈支撑体系建设,其主要目的体现在:既要重视道路等基础设施建设,也要重视通信、电信、资源、环境等方面的基础设施建设;既要重视硬件设施的建设,也要重视软件设施建设;既要注重公共产品的提供,也要注意服务质量的提高;既要重视为企业服务,也要重视为个人服务。房新智认为,城市群是城市区域化过程中出现的一种独特的地域空间组织,无论是在国内还是在国外,城市群都已成为区域经济发展的重要支撑点。为改善区域内部落后的交通条件,拉近各级城镇与城市间的距离,实现中小城市与核心城市之间的同城效应,在成渝城市群内部构筑大容量、快速的城际轨道交通网络已迫在眉睫。[①] 甘超认为,经济的快速发展推动着城镇向着更大规模的城市群迈进,与此同时,城市不断扩大,人们的出行距离增加,出行时耗延长,需借助区域范围内的交通运输体系。这种交通运输体系是以大容量的城际交通为骨架,以公路、水路为补充的多元化的综合客运交通体系,而且能方便、快捷地实现旅客的换乘。成渝城市群作为我国西部地区主要的城市集中区域,发展城际铁路对发展其经济和解决区域交通设施不足等方面具有重要意义。[②]

7.1.3 都市圈支撑体系的作用

　　都市圈的发展有赖于都市圈城市间紧密的经济联系,其经济主体之间能否参与到这些经济联系中来,很大程度上取决于都市圈的支撑体系完善与否。在当前的都市圈建设过程中,一般局限在城际铁路、高速公路等硬件基础设施建设方面,过于单一化,缺乏立体推进措施。诚然,都市圈基础设施建设是都市圈支撑体系的重要方面,但并不是全部。实际上,无论对于个人的服务还是对于企业经营活动的服务,公共基础设施的建设都是都市圈经济一体化的重要内容。这些支撑要素的完善,对强化都市圈内部经济联系、推动经济一体化

------

　　① 房新智.成渝城市群城际轨道交通线网规划研究[D].西南交通大学,2009.
　　② 甘超.成渝城市群城际铁路网布局规划研究[D].西南交通大学,2012.

有着重要的意义。

7.2 成渝都市圈支撑体系的现状和问题

7.2.1 成渝都市圈支撑体系的发展现状

成渝都市圈是中国西部地区中交通枢纽港站较密集、交通路网较发达的地区。水上,有长江及各支流水道;陆上,铁路有 1952 年建成的成渝铁路以及后来的襄渝铁路、隆纳铁路、内昆铁路、成达万铁路,公路有成渝高等级公路、成南渝万高速公路;空中,有成都双流国际机场与重庆江北国际机场间的川渝航线;管网通道,有川渝间输气(油)管道、川渝输变电网、川渝间邮电通信网络等等。这种全方位、立体化、方便快捷的基础设施,是川渝经济联系的神经,是川渝可以共享的资源,是西部其他地区无法与之相比的良好的地区合作配套条件,如表 7-1 所示。四川和重庆合作,可以充分利用这些有利条件,整合资源,优势互补。长江上游经济带的建设和崛起将是指日可待的事情。

表 7-1　成渝都市圈交通体系

种类	细分	名称
铁路	铁路干线	成渝线、宝成线、成昆线、达成线、遂渝线、襄渝线、川黔线、渝怀线、内六线、达万线、宜万线
	干线快速铁路	成渝高铁、成绵乐城际铁路、兰渝铁路、渝利铁路
	铁路支线	成汶线、广岳线、德天线、资威线、归连铁路、宜珙线、金筇线、隆泸线、三万线、万南线
	市域铁路	成灌线
	主要铁路枢纽	成都铁路枢纽、重庆铁路枢纽
	主要铁路车站	成都站、成都东站、成都北站、八里站、重庆站、重庆北站、重庆西站、重庆南站、内江站、内江北站、绵阳北站、绵阳站、达州站、广安站、南充北站、南充站、宜宾站、宜宾南站
公路	公路国道	G210、G212、G213、G317、G318、G319、G321
	国家高速公路	G5 京昆高速、G42 沪蓉高速、G50 沪渝高速、G65 包茂高速、G75 兰海高速、G78 厦蓉高速、G85 渝昆高速、G93 成渝环线高速、G4201 成都绕城高速、G5001 重庆绕城高速
	地区高速公路	成乐高速、成温邛高速、成灌高速、成彭高速、长涪高速、綦万高速、内遂高速、乐宜高速、绵遂高速、成自泸高速、成安渝高速
	国家公路运输枢纽	成都、重庆、宜宾、内江、南充、广安、雅安、泸州、达州、雅安、万州
航空	通航机场	成都双流国际机场、重庆江北国际机场、绵阳南郊机场、宜宾菜坝机场、南充高坪机场、万州五桥机场、泸州蓝田机场、达州河市机场
水运	主要通航河道	长江、嘉陵江、岷江、渠江
	主要港口	重庆港、宜宾港、泸州港、乐山港、南充港、万州港、涪陵港、广安港

续表

种类	细分	名称
管道	成品油输油管道	兰成渝成品油输油管道
	输变电网	川渝输变电网
	邮电通信网络	川渝间邮电通信网络

资料来源:根据相关资料整理。

2016年4月出台的《成渝城市群发展规划》提出,优先建设城际交通网络,建设以高速铁路、城际铁路、高速公路为骨干的城际交通网络,打造核心城市间、核心城市与周边城市间、相邻城市间力争1小时通达的交通圈;共同加快建设兰渝铁路、成渝高速铁路;规划重庆至达州、达州至开县和万州等城际铁路;加快成安渝高速、重庆至广安和巴中高速公路建设;有序推进泸州、宜宾、涪陵、万州和乐山、南充、江津、合川重点港(港区)建设;强化成都和重庆航空枢纽功能,新建成都新机场和乐山机场,扩建重庆江北国际机场和万州机场;构建便捷畅通的对外交通通道。加快推进"一江两翼"国际通道建设,依托长江黄金水道和沿江铁路,完善向东出海的川渝汉沪通道;依托兰渝、宝成、西康至襄渝、兰新等铁路,打造内陆地区连接丝绸之路经济带的通道;依托成昆铁路和渝昆铁路,构建向南开放的川渝滇至东南亚陆上通道。加快成贵、成西、郑万、兰渝、成昆扩能等铁路建设,研究建设重庆至西安铁路,完善连接毗邻黔中、滇中、长江中游、关中至天水、兰州和西宁等区域的五大国内通道。可见,成渝都市圈的立体交通体系将会得到进一步完善。

与此同时,《成渝城市群发展规划》提出,要建立健全城市群协同发展机制,围绕生产要素自由流动、基础设施互联互通、公共服务设施共建共享、生态环境联防联控联治等关键环节,探索建立城市群管理协同模式,实现城市群一体化发展;推行居住证制度,鼓励农民带股变市民。

《成渝城市群发展规划》指出,要加快户籍制度改革,促进城市群内劳动力自由流动;推行居住证制度,成都、重庆实行积分制,有序推进外来人口落户,其他城市全面放开落户限制。加快探索成渝特点的新型城镇化道路,鼓励一批农民带着集体资产股份成为新型市民。建立健全企业和个人信用数据库以及信用信息征集、查询和应用制度。完善守信激励和失信惩戒机制,共建成渝城市群市场主体违法经营提示清单。

根据《成渝城市群发展规划》,成渝城市群要推动基本公共服务均等化。统筹公共资源布局,打破城市间界线,分层次、有重点地推进基本公共服务均等化。在重庆都市圈、成都都市圈内,率先在义务教育、公共就业服务、社会保障、基本医疗、住房保障、公共文化服务等方面实现同城化。在川南、遂南广、达万三大城镇密集区,加快实现义务教育、公共就业、社会保障、基本医疗、公共文化服务等一体化。健全成渝城市群基本公共服务协调机制,率先在养老保险关系转移接续、基本医疗保险异地就医联网结算、进城务工人员随迁子女就学、文化体育等公共设施共享等方面实现突破,以点带面,加快推进基本公共服务一体化进程。

《成渝城市群发展规划》中提到,建立成本共担和利益共享机制。探索建立跨市基础设施、公共服务和生态环境建设项目成本分担机制。推动城市群内交通、水利等基础设施共建共享,实行公共交通智能"一卡通"、高速公路收费"一卡通"。取消城市群内移动电话漫游费,有关部门要会同电信企业抓紧研究落实。建设统一的科技资源开放共享平台,建立政策一体化。探索建设项目税收分配办法,研究在企业注册地和投资地之间合理分配地方税。

综合来看,《成渝城市群发展规划》以促进圈域内部人流、物流、资金流、信息流等为导向,通过立体性、复合性、综合性的措施,为成渝都市圈构筑了较为立体的支撑体系,是未来成渝都市圈发展的基础和前提。

7.2.2 成渝都市圈支撑体系的主要问题

由于受支撑体系的限制,成、渝两市的影响力范围还远未强大到在空间上相互重叠或呈连续分布。

1.多层次支撑不力。首先体现在交通上,铁路和高速公路虽然实现了人口与物资在两个城市之间的可移动性,也在很大程度上降低了空间运输成本,但时间成本仍然很高,500千米的铁路线要花10个小时以上。成渝高速公路虽然大大降低了成渝两地的空间距离和时间成本(只需3~4小时),但公路运输在准时性、全天候、便携性、安全性、舒适性以及低费用方面仍有许多不足,由于空间可达性尚不足,使其难以保证在成渝两个中心城市之间形成一定的通勤流。由于成渝相距300千米以上,这导致该区域内的人口、物资、产业、资本、技术、信息、服务与人才向成渝两地高度集中,极化效应非常明显,空间相互作用力较弱,两个城市的辐射范围还远没有形成交集。2006年成渝快速列车开通之后,第二条成渝高速(渝遂高速)也很快通车,两地的时间成本减少到4小时,使得两地的经济联系进一步加强。从成渝动车的运行情况来看,运力仍显不足,无法满足成渝间密集的人流需求,同时由于追求运行效率,沿线停靠城市偏少,对于这些城市的带动作用仍然有限。当然,让人欣慰的是,2015年年底,成渝城际高铁顺利开通,一方面使得成渝之间的通勤距离进一步缩短,另一方面也给沿线的内江、资阳、隆昌、永川、荣昌等城市带来了难得的发展机遇。这对促进特大城市塑造、中小城市发育,都具有不可替代的作用。

2.总体支撑水平低。从横向比较来看,"长三角"和"珠三角"已形成全国最发达、最密集的水陆空立体交通运输网络,而成渝都市圈还没有形成完善的现代交通运输体系。从卫生、科教、文化、体育、农村电网、供水等基础设施来看,"长三角"和"珠三角"经济区已形成城乡一体化体系。由于四川、重庆地处西部,欠发达地区的发展环境和欠发达阶段的发展实际并没有明显的改变,无论是支撑体系的硬件还是支撑体系中的软件,都与国内发达地区都市圈存在较大的差距,这是不可否认的。尽管国家已经多次出台相关政策、规划加以推动,无奈的是,发展基础相对比较差,因此仍然有较大的发展空间。值得一提的是,尽管作为国家首批城乡统筹综合配套改革试验区,经过多年的努力在诸多方面取得长足的进步,但是成渝都市圈农村的基础设施、文化教育、医疗卫生等还十分落后,城乡差距还很大,同时在地区之间这种差距也是存在的。

3.立体化有待完善。从支撑体系的内容来看,成渝都市圈的支撑体系更多地局限在城际铁路、高速公路等硬件基础设施建设方面,过于单一化,建设涵盖公共服务体系、企业服务体系和个人服务体系等的"立体化""无缝化"的支撑体系已迫在眉睫。2011年9月四川省人力资源和社会保障厅出台的《四川省人力资源和社会保障事业发展"十二五"规划纲要》提出，进一步加强成渝经济区内人力资源社会保障事业发展区域合作的美好前景，即在成都生活，在重庆工作，社保待遇资格认证、支付等可以在两地间就近、就地办理；2016年的《成渝城市群发展规划》提出要推动基本公共服务均等化。但是，从实际来看，由于受行政体制限制，工作推进存在较大的难度，成渝都市圈的人员流动仍然受限。

7.3 成渝都市圈支撑体系的建设路径

7.3.1 完善基础设施，强化城际联系

1.理顺基础设施建设机制

以实现共建共享为目标，以推进"交通同网、能源同体、信息同享、生态同建、环境同治"为重点，针对基础设施规划、建设、管理、运营等环节中具有全局性、紧迫性、突出性的体制机制矛盾，重点推进规划体制、管理体制、共建共享机制、融资机制和价费机制等五大改革：（1）规划体制改革。按照统一、分级、协调、高效的原则，理顺各级各类基础设施规划部门之间、基础设施各专项规划和城乡建设规划之间，以及规划编制、审核、修正和实施过程各环节、各方面的管理关系，形成统一协调、分级有序、保障有力的规划管理组织机构体系。（2）管理体制改革。按照精简、统一、效能和决策、执行、监督相协调的要求，以有利于促进经济一体化、提高管理效率、调动各方积极性为目标，打破行政区划限制，积极探索以经济区域为对象的管理新体制，率先在基础设施领域实现行政管理一体化。（3）共建共享机制改革。建立基础设施建设统筹机制，实现

基础设施项目建设中的城乡、部门、行业、地区统筹。根据各类基础设施项目的不同经济社会属性和行政隶属关系,以遵循国家相关法律法规为基础,以利益机制为纽带,以统一协调管理为保证,构建互惠互利、互利共赢的共建共享机制,形成持续稳定的共建共享关系。(4)融资机制改革。积极构建基础设施多元化投融资主体结构。积极鼓励和引导非公有资本和各类社会资本以独资、合资、合作、联营、项目融资等国家允许的方式投资基础设施产业,构建以市场为主、政府为辅的多元化投融资主体结构。(5)价费机制改革。以市场调节为主导,市场调节和政府调控相结合,建立和完善公用事业价格形成机制,以有利于促进资源节约和环境保护、有利于提高社会分配效率、有利于提高企业效益和经营效率为目标,统筹兼顾,形成能够反映资源稀缺程度、资源成长、资源枯竭后退出成本和环境治理成本的价格体系。①

2.完善交通通信设施

成渝都市圈应以适应、引导和推动产业和都市圈空间合理布局为导向,坚持"效益优先、适度超前、引导集聚、集约经营"的原则,按照"政府推动、市场运作、形成合力"的思路,以水利、电力、信息等基础设施为重点,构筑符合都市圈整体可持续发展要求的现代基础设施网络。一是在交通网络基本形成的基础上,实施交通一体化,促进区域道路同网、地铁同轨、交通同制、乘车同卡,消除城市"孤岛",实现都市圈的同城效应,这是社会经济发展对交通行业的必然要求。通过都市圈交通一体化催生区域范围内人员、货物、资金、服务的"四通",实现生产要素的优化配置、商品流通跨越行政区域的组合,形成都市圈物流网和产业链,进而带动成渝都市圈物流网和产业链的发展。二是要按照优化结构的要求,在都市圈内部建设以轨道交通和高速公路为骨干,以普通公路为基础,有效衔接大中小城市和小城镇的多层次快速交通运输网络。三是要建设以铁路、公路客运站和机场等为主的综合客运枢纽,以铁路和公路货运场站、港口和机场等为主的综合货运枢纽,优化布局,提升功能。四是要依托综合交通枢纽,加强铁路、公路、民航、水运与城市轨道交通、地面公共交通等多种交

---

① 杨勇.都市圈经济一体化理论与实践[M].北京:经济科学出版社,2013.

通方式的衔接,完善集疏运系统与配送系统,实现客运"零距离"换乘和货运无缝衔接。五是要加强中小城市和小城镇与交通干线、交通枢纽城市的连接,加快国省干线公路升级改造,提高中小城市和小城镇公路技术等级、通行能力和铁路覆盖率,改善交通条件,提升服务水平。

3.强化能源保障设施

统筹成渝都市圈能源基础设施建设,加快完善电力设施布局,推进油气管网建设,积极发展清洁新能源,构建清洁、安全、经济的能源保障体系,满足都市圈内部经济社会发展需要。在加快完善电力设施布局之外,都市圈应着力健全燃气、供热等基础设施,推进中心城市及周边城市燃气气源向以天然气为主、液化气为辅转变,规划建设天然气门站和区域性高中压调计量站。积极发展应用清洁新能源。推广应用节能降耗新技术、新产品和新工艺,建设和推广节能建筑和太阳能建筑。

4.提升信息网络设施

顺应信息化发展趋势,整合不同的通信网络、内容服务、终端设备,加快三网融合发展,统筹都市圈两地基础地理信息资源的开发利用,全面提升经济社会信息化水平。骨干传输网络改造,电信网、互联网和广播电视网提升改造,三大网络技术改造等是关键词,同时两地将在完善信息资源共建共享机制和统一数据基础标准上,建成覆盖都市圈全域的现代化测绘基准服务体系、基础地理数据库体系和数据交换网络服务体系。此外,将加强信息资源的整合和利用。2008 年 10 月,工业和信息化部、国务院国资委联合发布了《关于推进电信基础设施共建共享的紧急通知》。该通知旨在深入贯彻落实科学发展观以及建设资源节约型、环境友好型社会的要求,节约土地、能源和原材料的消耗,保护自然环境和景观,减少电信重复建设,提高电信基础设施利用率,针对当前电信重组和即将启动的新一轮网络建设的实际情况,决定大力推进电信基础设施共建共享。

7.3.2 完善公共服务，加快人员流动

1.推进社保同城化

一是形成统一开放的人力资源市场体系。以信息网络系统为支撑，促进人力资源信息和人才信息共享，并在就业失业登记管理、就业指导、岗位推荐、适时岗位信息发布、就业扶持政策咨询等就业服务领域努力实现同城化管理。规划区内需要就业的人员，借助所建立的街道（乡镇）、社区（行政村）人力资源服务平台，基本能够就近、就地了解到区域范围内的岗位信息，实现就业。二是社会保险也将逐步实现一体化管理，互认互通。成渝都市圈范围内城乡社会保险费征缴、社会保险待遇支付、参保缴费年限计算、定点医疗机构和定点零售药店医药费用结算、个人医疗账户及就医管理办法等社会保险政策逐步趋同。城乡社会保险费征缴，领取养老、失业保险待遇资格认证，各项社会保险待遇支付等通过信息网络系统逐步实现就近、就地办理，相互承认，降低区域内社保服务对象办事成本。三是在区域人才合作上，完善相关政策措施，打破行政壁垒，促进人才合理有序流动。在劳动关系、劳动监察、劳动人事争议仲裁工作方面，将协作维权，推进建立健全劳动保障监察协作执法机制和劳动人事争议仲裁跨地区重大案件调处机制，初步实现劳动者就业、社会保障权益能够就近、就地维护。

2.强化规划引导

根据城镇常住人口增长趋势和空间分布，统筹布局建设学校、医疗卫生机构、文化设施、体育场所等公共服务设施。优化学校布局和建设规模，合理配置中小学和幼儿园资源。加强社区卫生服务机构建设，健全与医院分工协作、双向转诊的城市医疗服务体系。完善重大疾病防控、妇幼保健等专业公共卫生和计划生育服务网络。加强公共文化、公共体育、就业服务、社保经办和便民利民服务设施建设。创新公共服务供给方式，引入市场机制，扩大政府购买服务规模，实现供给主体和方式多元化，根据经济社会发展状况和财力水平，逐步提高城镇居民基本公共服务水平，在学有所教、劳有所得、病有所医、老有所养、住有所居上持续取得新进展。

3.改善基本医疗卫生条件

根据成渝都市圈常住人口配置城镇基本医疗卫生服务资源,将农民工及其随迁家属纳入社区卫生服务体系,免费提供健康教育、妇幼保健、预防接种、传染病防控、计划生育等公共卫生服务。加强农民工聚居地疾病监测、疫情处理和突发公共卫生事件应对。鼓励有条件的地方将符合条件的农民工及其随迁家属纳入当地医疗救助范围。

4.拓宽住房保障渠道

采取廉租住房、公共租赁住房、租赁补贴等多种方式改善农民工居住条件。完善商品房配建保障性住房政策,鼓励社会资本参与建设。在农民工集中的开发区和产业园区可以建设单元型或宿舍型公共租赁住房,农民工数量较多的企业可以在符合规定标准的用地范围内建设农民工集体宿舍。审慎探索由集体经济组织利用农村集体建设用地建设公共租赁住房。把进城落户农民完全纳入城镇住房保障体系。

7.3.3 完善企业服务,推进创新创业

1.营造良好就业创业环境

发挥城市创业平台作用,充分利用城市规模经济产生的专业化分工效应,放宽政府管制,降低交易成本,激发创业活力。完善扶持创业的优惠政策,形成政府激励创业、社会支持创业、劳动者勇于创业新机制。运用财政支持、税费减免、创业投资引导、政策性金融服务、小额贷款担保等手段,为中小企业特别是创业型企业发展提供良好的经营环境,促进以创业带动就业。促进以高校毕业生为重点的青年就业和农村转移劳动力、城镇困难人员、退役军人就业。结合产业升级开发更多适合高校毕业生的就业岗位,实行激励高校毕业生自主创业政策,实施离校未就业高校毕业生就业促进计划。合理引导高校毕业生就业流向,鼓励其中小城市创业就业。

2.完善创业就业服务

加强农民工职业技能培训,提高就业创业能力和职业素质。整合职业教育

和培训资源,全面提供政府补贴职业技能培训服务。强化企业开展农民工岗位技能培训责任,足额提取并合理使用职工教育培训经费。鼓励高等学校、各类职业院校和培训机构积极开展职业教育和技能培训,推进职业技能实训基地建设。鼓励农民工取得职业资格证书和专项职业能力证书,并按规定给予职业技能鉴定补贴。加大对农民工创业政策的扶持力度,健全农民工劳动权益保护机制。实现就业信息全国联网,为农民工提供免费的就业信息和政策咨询。

3.保障企业家正当权益

发挥企业家的作用,将有助于不断加强都市圈内部经济联系,促进都市圈经济一体化进程。企业家在促进都市圈内部经济联系,特别是产业融合方面有着重要的作用,因此必须重视和发挥企业家的作用。建立成渝都市圈,必须理顺政府、企业和市场的关系,降低企业家非市场交易成本,专心做市场,才能把企业做大做强,企业家才能崛起,进而促进整个都市圈的发展。一是要倡导优化顶层设计,在法律上保障企业家的安全,破除跨地区市场垄断、行政干预,为非公经济发展提供更大空间,保护非公经济及企业家合法权益,将减轻企业税负、适当降低社会保险费率等政策落到实处,为非公经济发展提供公正的税收及公平的金融服务待遇。二是要畅通服务民营经济的绿色通道,依法化解和解决企业家面临的各种法律问题,坚持严肃查办、诉讼监督不动摇,为企业发展创造诚信有序的市场环境和廉洁高效的政务环境。三是要积极搭建并充分利用好与公检法以及税务机关、民政局等多家单位达成的跨地区联席会议制度平台,有计划、有组织地让法官、检察官等走进企业,推动企业制度建设以及商会建设,带动企业树立法治意识,从根本上建立守法经商的机制,使民营企业的合法权益从正常途径得到保护。四是要认真贯彻宽严相济的刑事司法政策,严格尊重法律规定和市场规律,妥善处理民营经济发展中出现的各类问题,把民营企业发展过程中的灵活经营行为与犯罪严格区分开来,把企业的经济纠纷与经济犯罪严格区分开来,把企业中的个人犯罪与企业违规严格区分开来,从司法角度提供保障和支持,做好企业的"腰杆子"。

4.建设跨区域创业平台

围绕实现创新驱动的要求,以项目建设为抓手,以完善产业技术创新体系为重点,增强工业自主创新能力,为工业提升发展提供科技支撑。一是完善产业技术创新体系。按照"企业主体、政府主导、市场运作"的模式,突出官产学研结合,强化政府主管部门与科研院所、高等院校、骨干企业合作,努力在高新技术产业园区内建设一批重点实验室、专业孵化器、工程技术研究中心等创新平台,促进科技成果转化孵化和产业化,加快推进科技能力向生产力转变。二是强化科技企业孵化器建设。坚持以政府创办为示范引导、民营孵化器为主体的发展模式,积极鼓励民营企业以产业链为核心,以资本为纽带,结合自身产业背景创办一批专业孵化器,为高新技术产业和战略性新兴产业发展注入生机和活力。三是加强企业技术创新能力建设。强化企业在技术创新中的主体地位,引导和鼓励企业加大研发投入,鼓励企业与科研机构、高校联合建立实验室、共性技术研发和工程化平台,加强国家和地方认定企业技术中心建设,支持企业承担国家科技计划和重大工程项目,健全由企业牵头实施重大应用性科技项目的机制。

5.重点培育中小企业

发挥市场机制和政府扶持的作用,以完善社会化服务体系为重点,以营造有利于发挥中小企业和民营经济发展活力的环境为基础,增强民营经济发展动力。一是鼓励中小企业向"专、精、特、新"方向发展。重点培育一批基础较好、潜力较大、行业带动性较强的中小企业,推动其开展专业化生产、精益化管理、自主化创新、集约化经营、品牌化运作。二是建立健全中小企业服务体系。充分利用社会资源,构建全市中小企业社会化服务体系和公共服务平台,面向中小企业提供创业、融资、技术创新、知识产权、检验检测、市场开拓、管理咨询、法律、信息化等服务。三是优化中小企业和民营经济发展环境,进一步减轻中小企业和民营经济社会负担,降低准入门槛,扩大市场准入范围,实现平等准入、公平待遇,鼓励中小企业和民营经济进入国家法律法规和产业政策未禁止的领域。

<table>
<tr><td>第
八
章</td><td></td></tr>
</table>

公共治理：强化管理职能

8.1 都市圈公共治理概述

8.1.1 都市圈公共治理的概念

都市圈的管理职能是维系都市圈日常运作管理、不断推动一体化进程、促进都市圈经济不断发展的必要手段。大力加强管理职能，有利于提升都市圈的管理水平，推进都市圈经济一体化进程，对于促进区域经济、国民经济发展具有非常重要的意义。都市圈的形成依赖于城市体系的形成和完善，具有不同规模和资源禀赋、处于不同发展阶段的城市主体，要在都市圈经济一体化的框架下共同发展，必须依靠都市圈管理职能的实施。因此，强化都市圈的管理职能，是都市圈经济一体化的重要保证。

公共治理是都市圈经济协调发展的重要保证。曾智洪认为，成渝城市发展与区域发展已经具备一定的治理意识。不论是从政府层面的合作，市民对于城市治理层面的参与，还是作为市场主体企业层面的运作，城市发展与区域治理理念都在逐步加强。各个层面突破传统认识，融入新型的市场经济体制中，治理意识在区域发展中开始滋生萌芽，并逐步有序地在城市发展与区域发展中得到体现。同时，他提出了构建合理的成渝城市发展与区域治理模式的构想：(1)建立区域治理的多元化主体，政府建立跨行政区的协调管理机构，企业之间结成利益共同体,构建市民参与的有效组织形式;(2)理顺成渝城市发展与区域治理结构,从政治、经济、社会领域明确政府、企业及非政府组织等层面的相关职能;(3)改革成渝城市发展与区域治理体制,建立适应大城市区域发展要求的行政大区,形成市镇联合体,并进行省直管市(县)的试点。[1] 戴宾认为,成渝经济区是长江上游的经济核心,其实质是以重庆、成都两市为中心,由重庆城市群、成都都市圈、成内(遂)渝经济带、成德绵城市带以及川南城市群组成的成渝城市集群,其形成条件包括:高层政府的规划组织、成渝城际快速轨道交通的兴建、川南城市群的发育成型。[2] 李春艳认为,要加强川渝政府的合作协调,建立一个统一的、有力的成渝城市带协调机构,并打破地区壁垒,建设统一的流通市场,形成主要由市场支配的商品价格形成机制,发挥市场对资源配置的基础性作用。成渝两市及它们之间的各市、地、区都要有建设统一开放和专业化分工的大市场的意识,根据各自特点,建设特色市场,避免重复建设。[3]

8.1.2 都市圈公共治理的目的

加强都市圈的管理职能,其目的在于:一是通过职能体系建设,确定都市圈的整体战略,建立都市圈的竞争合作机制,确保都市圈内部市场机制在资源配置方面发挥基础性作用;二是要通过加强职能建设,明确中心城市与周边城市的城市定位,完善都市圈内部的功能体系,充分调动各城市的主观能动性,积极推进都市圈经济一体化进程;三是要通过完善职能管理,融汇各方力量,加强都市圈支撑体系建设,为都市圈内部的资金、人才、信息和技术等要素流动创造条件。

---

① 曾智洪.成渝城市发展与区域治理模式研究[D].重庆大学,2006.

② 戴宾.成渝经济区与成渝城市集群、成内渝经济带[J].重庆工商大学学报(西部论坛),2005,06:23-26.

③ 李春艳.论成渝城市经济带建设及其发展措施[D].西南财经大学,2005.

8.1.3 都市圈公共治理的类型

都市圈的管理职能包括三种类型，分别是战略职能、组织职能和控制职能。其中，战略职能是指实现都市圈经济主体间的社会经济发展战略协调，其重点是水平城市间的战略协调；组织职能是指实现在战略实施过程中的战略协同，其重点是具有垂直关系的城镇之间的战略一致性；控制职能是指保证战略能够实现既定目标，其重点是具有关系的城镇之间的控制。

8.2 成渝都市圈公共治理的现状和问题

8.2.1 成渝都市圈公共治理的现状

与国内其他都市圈相似，成渝都市圈的都市圈层面规划往往与现行的行政区划相矛盾。行政分割和地方保护主义是阻碍都市圈生产要素合理流动和造成重复建设的突出问题和深层次原因。而当前要适时、合理调整行政区域的难度较大，省（市）、市、县的实际情况又有较大差异，区域与城市间的协调发展问题不可能依赖于调整行政区来解决。因此，区域经济一体化应当是以市场规律为根本作用力，建立起市场导向、经济利益支配、给区域内的成员均带来超额收益的经济联合行为，并不涉及区域内的行政一体化问题。因此，如何建立起一种有效的管理模式，对于成渝都市圈的发展也至关重要。2013 年 3 月川渝两地代表提交的关于成渝城市建设的议案中，提出的建议也是政策措施类的，没有涉及都市圈区域的管理问题。

《成渝城市群发展规划》提出，成渝城市群将探索建立城市群一体化发展基金。借鉴欧盟结构基金和凝聚基金运作经验，鼓励各城市根据实际需求研究设立"成渝城市群一体化发展基金"。通过建立基金的形式，解决发展的后顾之忧,是顶层设计时的一个很大亮点。基金会起一个示范引导的作用,吸引社会力量参与进来,撬动社会资金参与成渝城市化建设。譬如发行债券、PPP融资等,将极大地推动川渝两省市联席会议议定的城市群建设事项落实。①同时,《成渝城市群发展规划》提出,探索赋予镇区人口10万以上的特大镇部分县级管理权限。位于重庆、成都都市圈范围内的重点镇,要加强与周边城市的统筹规划、功能配套,有效分担城市功能。此外,将有重点地发展小城镇。这都为成渝都市圈公共治理提供了必要的思路和方向。

8.2.2 成渝都市圈公共治理的问题

综合起来看,成渝都市圈的公共治理存在四个方面的问题:第一,区域行政对经济行为的引导和干预仍然存在,官员仍然存在较强的政绩观念,大局意识难以形成。第二,区域内的大量公共事务如环境保护、公共安全、流域治理等需要各行政单位协同解决,但平级的协同非常不易。生态分割与跨界环境污染严重,统一协调治理难度大,影响区域可持续发展。第三,区域内的资源要素流动仍然受到不同行政机构的约束。因此,区域经济尤其是跨省的都市区发展容易出现行政区划割裂带来的相应的问题,例如,各地区自成体系发展,产业结构趋同,存在较严重的重复建设现象;以港口、机场为主的基础设施缺乏统一规划与协调配合,难以实现互联互通;外向型经济发展各自为政,验证以形成区域整体优势。第四,合作模式较为单一,互动性不强。川渝合作战略是包括基础设施建设、市场建设合作、产业布局、城乡统筹、生态环境、应急联动等全方面、多层次的合作互动。目前,合作模式还主要停留在单一的企业引进上,模式创新力度不够。同时,由于受行政区划等因素制约,与重庆地区在一些重大活动和产业项目上缺乏统筹协商、互动互联机制,未形成互动市场、互动配套,未形成产业链、产业群,未充分实现信息共享。

总而言之,成渝都市圈的公共治理的理念缺乏,机制不健全,机构缺失,这

---

① 成渝城市群发展规划公布:总面积18.5万平方公里 涉及四川15个市. 四川省人民政府网站:http://www.sc.gov.cn/10462/10464/10797/2016/5/5/10379007.shtml.

使得都市圈的公共治理成为空谈。

8.3 成渝都市圈公共治理的实现路径

8.3.1 明确公共治理思路

在保持重庆、四川涉及区域的行政区划基本不变的前提下，按照经济社会发展转型的需要，弱化行政区划的经济功能，突出其社会管理和社会服务的功能，通过区域规划、区域社会、区域文化、公共参与等综合制度体系的创新，建立起都市圈的共同利益体，提高都市圈的整体竞争力。这种治理模式的建立，首要的就是要树立行政边界淡化、协商对话、互通互信的理念，各级政府机构都要意识到大家是一个共同体，要联动开放、统筹协调才能共进共荣；实现以"有限政府""效能政府"为标志的政府职能实质性转变；建立错位发展、突出优势的现代市场经济体系，尤其是在产业布局、招商引资方面，要有大局意识；培育和建立都市圈的非政府组织，如成渝都市圈联合商会、主要行业协会、服务中心等，还要建立起都市圈的社会信用体系。

成渝都市圈已处在从雏形期向培育期转变过程中，能否及时解决协调发展中的重大问题，实现有效的空间管治，关系到都市圈中长期的发展。根据目前的行政区划和财政体制，一是要发挥政府的主导作用。政府要把制定成渝都市圈规划作为贯彻落实科学发展观的具体内容，对关系全局的城镇布局、产业布局和基础设施布局，应按照规划的框架实行通盘考虑和统筹安排。二是要发挥规划的导向作用。在重大基础设施选址或线路走向上、在重要区块的建设规划上，要与成渝都市圈规划相衔接，对建设中必须做出的调整或变更，应通过一定的决策程序，防止建设与规划脱节。三是要发挥制度性对话协商的协调作用。

8.3.2 确定公共治理模式

要建立起良好的都市圈区域行政合作模式:一是都市圈统一的规划,要及早争取在国家城镇化发展规划中对成渝都市圈予以明确;二是城乡统筹和城镇化改革经验的合作与推广,要集中两地智慧攻坚克难,且及时将有效经验在都市圈内予以推广;三是建立都市圈政府间的合作组织,如"长三角"地区的长江沿岸城市经济协调会、"长三角"城市经济协调会、长江流域发展研究院、长江开发沪港促进会,"珠三角"的市长联席会等,提高区域综合竞争力,实现共同繁荣和发展;四是强化部门间的协作,即重庆市和四川省两地政府要加强部、委、办、厅、局之间的沟通、协调与合作,这种合作虽然可能只是具体事务性的,但是具有相当的弹性,也符合跨省区域合作的先易后难的原则。成渝都市圈系统性合作组织的运转机制,可以采取如下方式:都市圈内各城市政府的行政首长授权跨区域合作组织设计并规划在环境保护、交通等公共事务治理方面的具体方案,然后合作组织将这些设计方案分别提交给都市圈各个地方政府审批,审批通过之后,各个地方政府再将这些方案提交给国家相关部门核准。通过这种流程设计出的规划方案能够跨越区域和部门的界限,体现一个都市圈的总体发展目标和长远规划,实现区域整体利益的最大化。

8.3.3 制定科学发展规划

1.组建规划领导小组

为了加强成渝都市圈的整体协同发展和深化其区域规划的编制,建立专门的成渝都市圈规划领导协调机构是很有必要的,即建立由成都和重庆及各地级市政府负责规划的领导组成,也可吸纳有关专家参加的成渝都市圈规划建设领导小组,加强对成渝都市圈规划建设工作的领导和统筹协调工作。该领导小组的主要职责是:负责审定成渝都市圈发展规划及与其他相应各类规划的协调;协调和审定跨行政区的重大基础设施等专项规划;协商和制定有关工业园区整合与提升、招商引资、社会服务保障等相应政策。

2.完善发展规划程序

完善城市规划前期研究、规划编制、衔接协调、专家论证、公众参与、审查审批、实施管理、评估修编等工作程序,探索设立城市总规划师制度,提高规划编制科学化、民主化水平。推行城市规划政务公开,加大公开公示力度。加强城市规划与经济社会发展、主体功能区建设、国土资源利用、生态环境保护、基础设施建设等规划的相互衔接。推动有条件地区的经济社会发展总体规划、城市规划、土地利用规划等"多规合一"。

3.完善发展规划体系

成渝都市圈区域规划是具有全局性、综合性、战略性的空间规划,在制定和实施对策过程中必需正确处理好发展中的长远与近期、重点与一般、集中与分散的关系。从长远与近期的关系来说,要贯彻"放眼长远、近期着手"的原则,即要统一规划,分期实施,并把重点落实到中近期规划。从重点与一般的关系来说,要贯彻"突出重点、兼顾一般"的原则,即在市场经济的一般竞争规律下,政府的政策、用地、资金、基础设施建设等条件应适当优先倾向重点项目。特别是要重点发展本区域的标志性产业集群和重点扶持成长性产业集群,兼顾劳动密集型的一般过程中,要进一步调整、改变产业企业存在"小、散、多、低"的层次格局。具体来说,要逐步建立"总体规划—专项规划—行动议程"三个层次的立体规划体系。首先,要完善成渝都市圈的总体规划。要通过规划,明确经济区一体化发展的总体目标和分阶段目标,包括消除要素和产品流动障碍的市场一体化,能够发挥经济区各市比较优势,形成合理分工的产业一体化,强化信息资源互通共享的信息一体化,消除城乡二元结构城市功能完善的城市布局一体化等。其次,要形成成渝都市圈的专项规划。要在成渝都市圈规划委员的指导下,依托专业委员会的技术支持,协同相关主管部门和规划部门,围绕总体规划,将其主要方面、重点领域展开、深化和具体化,并与总体规划相衔接。同时,专项规划必须根据社会经济发展情况和行业发展要求适时进行调整,与时俱进。最后,制定成渝都市圈的行动议程。应当围绕经济协同、环境保护、资源利用、社会和谐与可持续发展等重要问题做出的选择和行动方案,提供成渝都市圈发展的行动蓝图。在行动议程确定后,都市圈各主体将通过采取必要的单边行动和集体行动,以此实现相应的经济社会目标。

4.强化发展规划管控

保持都市圈发展规划的权威性、严肃性和连续性,坚持"一本规划,一张蓝图",持之以恒加以落实,防止换一届领导改一次规划。加强规划实施全过程监管,确保依规划进行开发建设。健全国家城乡规划督察员制度,以规划强制性内容为重点,加强规划实施督察,对违反规划行为进行事前、事中监管。严格实行规划实施责任追究制度,加大对政府部门、开发主体、居民个人违法违规行为的责任追究和处罚力度。制定城市规划建设考核指标体系,加强地方人大对城市规划实施的监督检查,将城市规划实施情况纳入地方党政领导干部考核和离任审计。运用信息化等手段,强化对都市圈规划管控的技术支撑。

8.3.4 加快体制机制创新

1.加强空间管治机制

注重区域的管理功能和管治是国外都市圈规划的一个突出特点。空间管治已经成为市场经济条件下解决城市与区域问题的行之有效的途径之一。要在协商和合作关系、自愿参加和灵活性等价值观念的基础之上,借鉴德国柏林与勃兰登堡州共同成立的区域规划委员会、美国大都市区管理机构和管理模式,建立跨行政区联合协调机构和监督机构,更有力地管辖区域事务,沟通和平衡各方利益,协调解决对区域发展有重大影响的问题。通过社会化、企业化的手段促进空间管治,更好地配置资源,促进区域的发展。

2.优化竞合机制

要在尊重市场机制的基础上,逐步形成都市圈成员城市之间以责任和利益共担共享为特征的竞争合作机制。首先,要确立城市之间的利益分配机制,强化城市之间税收、财政、招商引资等方面的合作;其次,要打破条块和部门分割,打破地方保护主义,建立好共同市场,促进商品流通,实现利益共享机制;再次,要推动区域性商品交易和现代物流中心以及资金融通网络的建设,促进以市场为基础的资源流动,实现生产、生活要素的自由流动;最后,要不断拓展合作领域。对分散在都市圈各职能部门的核心区郊野林业、水土保持、城市绿化、城市园林、风景名胜区、生态廊道、铁路公路及水系绿化等生态建设管理职能进行整合,形成职能统一、层级有序、精简有效的管理体制。探索建立和完善生态建设专业技术服务和执法监管机制,为核心区生态建设提供专业技术支撑和服务,加强湿地和生态公益林保护。通过加大公共财政投入、建立生态建设专项基金、拓宽城市绿化收费渠道、发展生态旅游等方式,保证都市圈生态建设资金需要。

3.建立执行机制

要充分借鉴国外都市圈执行机制的特点,融合我国经济、行政的优势,逐步建立和形成都市圈的执行机制。执行机制的核心是建立制度化的议事机构,不断推动都市圈内各城市之间合作向高层次、宽领域、紧密型方向发展。定期召开都市圈各成员城市领导会议是一种重要的议事途径,它为各城市政府就都市圈经济发展问题进行协商并形成共识提供必要的经常性机制。会议既要有灵活性,又要有一定的约束力,即任何议程一旦达成共识,形成议程和承诺,就必须完成。

8.3.5 建立区域管理机构

建立成渝都市圈的管理机构,借此强化都市圈的日常运行。可以从以下四个方面入手:第一,设立秘书处与强化电子政务。要建立负责日常联络和组织工作的秘书处,有助于处理都市圈日常事务。同时,要尽快建立"都市圈政府办公信息系统"(内网)和"都市圈政府联合政务网"(外网),完善电子政务系统,提升跨区域政府的信息融合度,形成强大统一的一体化品牌。第二,建立规划委员会。建立成渝都市圈的规划委员会,统一负责都市圈内的重大基础设施布局和建设、资源的合理利用、环境的保护和整治以及产业园区的布局安排。第三,建立专业委员会。专业委员会是服务于都市圈内部决策的专门委员会,具有决策咨询的功能,是都市圈重要的日常管理机构。第四,建立共同发展基金。都市圈共同发展基金是在都市圈内部由各城市共同出资,旨在推动区域发展合作,缩小区域城市之间的发展差距而建立的发展基金。都市圈共同基金的设立,增强了区域城市的合作深度和广度,强化了城际经济联系,也使得都市圈的管理机构具有一定的宏观调控能力和投资管理能力,借此促进区域发展。

<table>
<tr><td>第

九

章</td><td></td></tr>
</table>

产业融合:塑造广域集群

9.1 广域产业集群概述

9.1.1 产业融合与圈域分工

　　都市圈产业融合是指在都市圈范围内,不同产业在技术与制度创新的基础上相互交叉、相互渗透,在城市之间形成合力的产业分工,逐渐融为一体,形成新型产业形态的发展过程。信息技术和网络的发展,为都市圈内部各产业之间相互融合提供了条件。更为重要的是,不仅信息产业内部的各个行业间呈现了广泛的融合,而且信息产业正以其巨大的渗透力和影响力与其他产业产生互动与融合,这都将有利于都市圈的整体发展。

　　在都市圈内部,各城市的经济规模、发展水平、工业化程度都存在显著差异,为各城市间互补性发展提供了客观基础。产业由核心城市向外围次级城市梯度转移,实现不同等级层次城市之间的配套性垂直分工,在不同等级城市之间的垂直分工形成一体化的产业链。产业链是在某种商品或服务的生产过程中,能增加价值的一系列相互作用、彼此联系的基本活动的集合,包括原材料采集、运输、逐次加工、组装、制造品的销售及服务等各种功能。不同等级城市之间产业链的形成是福特主义发展模式的必然产物。促进产业的整合与集聚,要求在市场经济和充分竞争条件下,发挥都市圈中各个地区的资源比较优势,通过取消地方保护、激发全方位的竞争,形成最具竞争力的企业群和持续的产业创新机制,形成国际分工中的产业环节优势、区域产业组织优势和企业组织优势,从而保持都市圈的动态竞争优势,引领产业创新和发展的潮流。但是产业的集聚与整合,若没有充分发挥市场的作用,而仅仅依赖政府的政策,是达不到集聚应有的效应的。

成渝都市圈整合发展必然带来产业结构调整,形成新的产业布局和产业集聚,这一结构性变革必然加速社会水平流动。这种社会流动主要呈现出四大特点:区域内一批产业工人将随着新的产业集聚向一定区域规模化流动;随着新产业集聚的形成和升级而带来的产业规模扩大和上下游产业的形成,更大需求的社会流动将成为必然;产业集群形成过程伴随的社会中间阶层的区域集聚呼唤更加公平的社会流动模式的建立;政策性产业结构调整与整合带来的社会流动必然要求制度设计的配套。[1] 成渝城市群作为西南地区的一个新型城市群,正处于城市群发展的雏形时期。通过对城市群重点城市功能定位的优化,制定合理的发展战略,进而形成一个科学分工和协作的城市群体系,对加快成渝城市群建设、提升区域竞争力、推进区域协调发展具有重要的理论和实践意义。[2] 当前,成渝都市圈具有整体功能初显、工业结构相似度渐高的特点,也存在城镇化互动协调发展不易、区域管理模式较难突破的问题。成渝城市群要以"新四化"为指针,定位于"内陆开放型城市群",科学谋划产业发展,叠加各项发展优惠政策,在管理上从区域行政治理向区域统合治理转变。[3] 罗洪群、肖丹通过分析川渝城市群与产业群发展的矛盾与冲突,重点探讨了产业集聚支撑的川渝城市群发展体系的建设重点,认为川渝城市群必须走一条以产业集聚、关联发展为支撑、网络化发展双中心—外围城市群落的双核型城市群发展道路。[4]

① 卿成.成渝城市群整合发展中的社会流动研究[J].中共四川省委党校学报,2010,04:79-83.

② 张莉敏.成渝城市群重点城市功能定位优化研究[D].重庆工商大学,2009.

③ 赵驹.成渝城市群特征及发展对策思考[J].探索,2013,03:102-105.

④ 罗洪群,肖丹.产业集聚支撑的川渝城市群发展研究[J].软科学,2008,12:102-105.

9.1.2 广域产业集群的内涵

　　产业发展是都市圈城际经济联系的表现形式,而产业融合发展是都市圈群体竞争力的重要标志。广域产业集群正是基于都市圈经济的特性,特别是针对当前行政区经济的"短板"提出来的,是推进都市圈产业融合的重要途径。都市圈产业发展需要一种全局观和战略思想,就是要以一种"大联动",统筹协调,良性互动,降低运行成本和减少浪费,形成本地区具有影响力和带动力的核心优势。其关键就在于主体城市间要进行科学分工,要按照科学发展观的要求进一步整合各城市的功能,形成一个错位发展、有序竞争、合作共赢的多元化整体,变当前"竞争为主"的地区格局为"合作为主"的格局。这个过程由于牵涉各方利益,必然是艰难的,甚至是痛苦的,但它是一体化所必需的。

　　广域产业集群是指在都市圈内部具有竞争合作关系的相关主体,基于产业内部联系,形成的具有相对稳定、合作较为紧密、布局相对松散等特征的产业集聚体。广域产业集群经济现象是在市场机制的作用下产生的,是分工扩大化的重要表现形式。与传统的产业集群相异,广域产业集群并不强调地理上的集聚,它更多地强调在都市圈视角下,建立一种基于城市之间竞争与合作的产业联系,使其合作的广度和深度都有所加强。

9.1.3 广域产业集群的特征

　　广域产业集群推动了都市圈内部的"强分工",并与都市圈之间的"弱分工"相结合,共同形成了都市圈层次的"产业同构",避免出现一般意义上的"产业同构"现象。因此,在成渝都市圈范围内应着力打造若干广域产业集群,推动成渝都市圈由"同构经济"向"集群经济"转变,促使成渝都市圈经济从低层次、大范围的同构经济向高层次、小范围的集群经济转变,构建完善的产业布局和分工格局,实现成渝都市圈经济全面、协调和可持续发展。

　　广域产业集群与都市圈产业分工如图 9-1 所示。

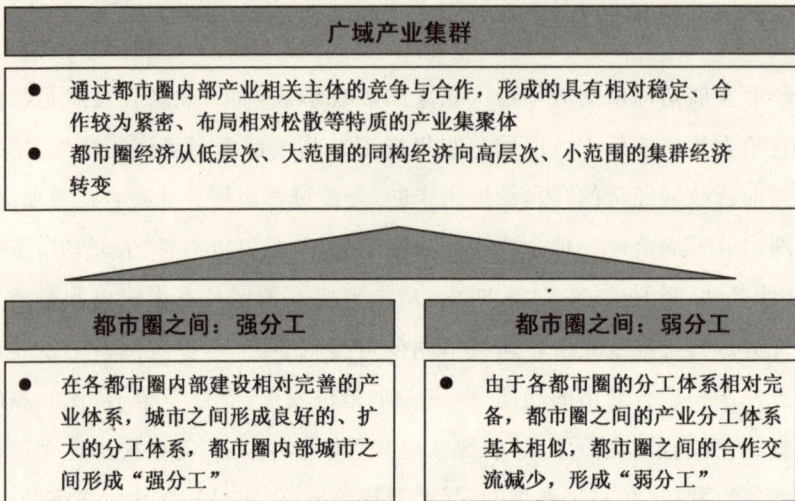

图 9-1 广域产业集群与都市圈产业分工

9.1.4 广域产业集群的作用

广域产业集群是实现都市圈产业融合的重要路径。大力培育广域产业集群,有利于促进都市圈范围内的产业融合。第一,培育广域产业集群的目的是形成具有国际竞争力的产业,是运用都市圈的群体竞争优势参与国际竞争,因此有利于产业做大做强;第二,广域产业集群的基础是都市圈的区域竞争力,涵盖了产业的技术链、价值链和产业链,具有做大做强的"基因"和潜质;第三,广域产业集群不直接触及传统产业整合的地方政府利益冲突,而是强调"局部的集聚、广域的合作",以做大产业"蛋糕",推进难度小,发展潜力大;第四,广域产业集群实现了都市圈内部的"强分工",并与其他都市圈之间的"弱分工"相结合,共同形成了都市圈层次的"产业同构",避免出现一般意义上的"产业同构"现象,这能够获得国家的支持和认同。

9.2 成渝都市圈广域产业集群的思路和构想

9.2.1 成渝都市圈广域产业集群的基本思路

成渝都市圈广域产业集群建设的思路是:加快生产集中化进程,增强大企业和行业协会的组织、协调功能,提升成渝都市圈产业的组织化程度,实现传统产业组织向现代产业组织转变。建立和完善产业体系,增强产业综合竞争力。在进一步增强重点制造业基地的制造优势同时,积极培育和不断完善制造基地的贸易、物流配送、技术和制度创新、产品设计和专业人才培训功能,大力营造适应经济全球化要求的开放式体制环境和竞争、合作、创新的文化环境,提升成渝都市圈产业竞争力。引导和鼓励生产集中,优化企业规模结构。应制定有关企业兼并、市场退出的区域政策,鼓励和规范企业兼并活动。同时,通过增强和完善产权交易市场、资产评估等中介机构,降低产业重组成本和风险。通过产业重组,解决产业发展中普遍存在的"低、小、散"现象,提高产业组织程度,增强产业竞争力。积极发挥行业协会和龙头企业的组织和协调功能,增强产业自组织能力。积极探索行业协会在组织、协调、自律性监管以及共性技术开发、共享服务等方面的作用。调动行业龙头企业的积极性,充分发挥龙头企业在产业发展中的带头示范作用,在行业协会中的组织、领导和协调作用。

9.2.2 成渝都市圈广域产业集群的建设构想

结合成渝都市圈实际,建议川渝两地积极合作,打造七大广域产业集群,促进成渝都市圈产业融合。

1.电子信息产业集群

整合电子科技大学,重庆邮电大学,成都 10 所、29 所、30 所、11 电子设计院,重庆 24 所、26 所、44 所等电子研究所,514 所、505 通信科研所及军事科技力量,依托重庆的普天、惠普、宏碁、华硕和四川的长虹、莱特尔、托普、迈普、博恩、金算盘、朝华科技等电子信息龙头企业,打造信息产品研发、制造、销售及信息服务一体化的电子信息产业链,重点发展笔记本、平板电脑、打印机、网络通信、光电子、集成电路、微电子芯片、数字视听产品、电子元器件、应用软件等,打造成渝都市圈的电子信息产业集群。

2.装备制造业集群

依托东方电气、二重集团、中国四联集团、巴山仪器厂、重庆瑞士 ABB、重庆通用机械集团、重庆机床厂、重庆二机床厂、百力通公司等大型、特大型企业集团,以及重庆大学、西南交通大学、工业自动化所等一批高水平的科研院所和大专院校,将成渝都市圈打造成我国制造业配套体系完备、研发能力强大的中国现代装备制造业中心。其中,大型成套装备制造业的发展重点是大型输变电成套设备、重型机械成套设备、大型制冷设备、大型钢结构、大型工程机械成套设备、港口装卸作业机械、城市交通车辆、电力机车等重要装备、城市轨道交通设备等;基础机械制造业发展重点是机床制造业和基础件制造业;仪器仪表制造业的发展重点是工业自动化仪表及控制系统、分析仪器及成套系统、电工仪器仪表、光学仪器、电子功能材料、微电子器件、试验设备、仪表工艺装备、汽车摩托车仪表等九大主导产业。

3.汽车摩托车制造业集群

依托长安福特、长安铃木、庆铃、重庆重型汽车以及四川的丰田、现代、南骏等知名企业集团和以重庆大学、重庆汽车研究所、机械部第三设计院为代表的汽车研发机构,采用国际标准和先进技术,发展新型轿车、轻型汽车、重型汽车,开发为汽车配套的汽车电子基础部件、电子化总线、智能化控制装置,开发新型车用发动机,形成微型轿车车型,轻型、重型的汽车发动机生产系列。依托嘉陵、建设、力帆、宗申、隆鑫等摩托车及配套企业,开发具有自主知识产权的大排量新车型,产品面向全球。充分发挥经济带电子产业发达、为汽摩零配件配套能力强的优势,进一步完善高品质的汽车、摩托车零部件设计与生产,形成强大的综合配套体系,最终形成比较完备的整车、发动机和零部件研发能力,建成面向全球的汽车、摩托零部件生产供应基地,打造中国西部汽车产业集群。

4.清洁能源产业集群

成渝都市圈及辐射区是我国清洁能源最为丰富的地区,清洁能源产业集群发展潜力巨大。成渝都市圈清洁能源要以水电开发为主,同时加大煤炭资源的二次开发利用比重,提高生产转换效率,加大骨干输变电网建设,积极开发页岩气等新型清洁能源。以三峡电站、二滩电站和拟建的金沙江、雅碧江、大渡河、崛江、乌江、嘉陵江等江河梯级电站水电发展为重点,大力发展水电产业;减少火电比重,逐步退役装机容量在30万千瓦以下的小火电;利用本区丰富的天然气资源,规划天然气发电,采用大容量的联合循环机组发电,参加调峰运行;利用经济区内强大的核电研发设计和设备制造能力,规划建设二座以上核电站,与此同时,做好太阳能发电、氢气发电等清洁能源的前瞻性研究开发工作;另外,要加强技术合作,积极发展页岩气产业,培育清洁能源增长点。

5.生物工程及现代医药产业集群

依托中国科学院成都生物研究所、国家卫生部生物制品研究所、中国医学科学研究院成都血液学研究所、第三军医大、华西医科大、重庆医科大等科研院所和大专院校的科研力量,地奥集团、太极集团、华邦、华立药业、桐君阁、威达制药、西南合成、华邦制药、莱美制药和西南药业等医药企业,形成产学研的紧密协作关系。以基因工程药物、生物加工和生化工程药物、化学原料药、中成药、现代中草药等产品为重点,加大企业技术改造、制药原料基地培育、药物资源综合开发利用、制药技术信息交流等方面的合作,优势互补,建设成渝都市圈的技术一流、设备先进、规模强大的生物工程和现代医药产业集群。

6.资源型重化工业集群

依托长寿化工园、泸天化等化工基地,加强与中国石油天然气总公司、中石化等国内骨干企业的合作,形成天然气为主要原料的战略联盟,重点发展甲醇、乙烯等系列产品,基本建设起天然气化工生产制造体系,依托万州、自贡等盐化工基地,加快盐工艺和设备的更新换代步伐,抓好盐的深加工,并积极向精细化工延伸。

7.食品饮料工业集群

依托五粮液、泸州老窖、全兴、剑南春、水井坊、赤水茅台、诗仙太白等打造国际知名白酒酿造业;依托重啤、蓝剑啤酒、天友乳业、重庆百事可乐等做大做强饮料加工制造业。实施农业产业化经营和高效生态优势农业战略。引导优势企业向优势产区集中,做大榨菜、柑橘、脐橙、草食畜牧、烟叶、香料、林浆等绿色产业规模,推动农业工业化和绿色经济产业链的形成。

9.3 成渝都市圈广域产业集群的建设路径

9.3.1 制定产业集群发展规划

广域产业集群是依托都市圈经济模式提出来的产业发展模式,七大产业集群各具特色,其运作机制、模式有待深入研究。建议尽快聘请重庆社会科学院、重庆大学、西南政法大学等研究机构的人员,组成专门的课题组,进行深入的前期研究。在广域产业集群前期调研的基础上,尽快聘请高水平研究机构的人员,制定七大产业集群的专项发展规划。

9.3.2 成立产业集群领导小组

建议成立由川渝主要领导负责的产业集群建设领导小组,小组由两地专家、发改委和经信委等部门负责人、集群涉及地区负责人组成,共同推进产业集群发展。

9.3.3 建立政产学研合作机制

政产学研合作是指政府、工商企业、高等院校和科研院所，依靠各自的优势，以促进社会进步和经济发展为目标，本着互惠互利、共同发展的原则，在人才培养、科技创新、制度创新、人才和科技成果转化为生产力等方面所进行的合作与交流。广域产业集群涵盖技术链、价值链和产业链，对集群的合作机制提出了更高的要求。因此，必须建立政产学研合作机制，融合多方力量，共同促进集群发展。

9.3.4 建设区域共同市场

要以七大广域产业集群为目标，坚持"市场运作、政府推动"的原则，着力建设成渝都市圈共同市场。建立都市圈共同市场的根本目标是建立统一、开放、高效的市场体系，创造一个公平竞争、公开透明、真诚合作的市场环境，更加有效率地优化资源配置。要不断强化都市圈经济理念，逐步扫清各自为政的体制性障碍，弱化行政区划约束，形成区域共同服务体系、生产要素自由流动、投资便利化等方面的多边协议，共同构建"合作、互补、多赢"的统一大市场。特别是要着力破除"三个壁垒"：一是要破除市场进入壁垒。既要建立成渝都市圈产品销售一体化市场，也要完善都市圈民间投资便利化的工作体系，更要推进工商登记、食品药品检验、消防安全等领域的互通互认及招投标、政府采购等领域的市场一体化建设。二是要破除要素自由流动壁垒。要协调国家财政政策、货币政策、产业政策等在成渝都市圈内有效执行，创造公平的竞争环境。同时，要尝试建立成渝都市圈金融服务平台和劳务共享平台，促进资金和人力资源自由流动和优化配置。三是要破除制度性壁垒。要探索建立成渝都市圈一体化社会保障机制，加快推进社会保险政策对接，逐步统一区域内社保标准，实现社会保险随参保者在圈内自由流动。

9.3.5 完善企业服务平台

都市圈企业服务体系建设的目标，就是要以市场机制为基础，以企业为载体,促进都市圈内资源自由流动,提高都市圈内资源配置效率,彰显都市圈经济效益。打造都市圈若干企业公共服务示范平台,建立服务功能完善、特色鲜明、运营规范、方便快捷的都市圈企业服务体系,既有助于推动市场资源要素的优化配置,也有助于推动公共资源要素的优化配置,使得都市圈资源效益最大化。

1.法律政策服务平台

组织法律服务机构开展面向企业的政策法律咨询和法律援助等服务。利用法律顾问协会,组建圈内企业法律服务中心,设立政策法律咨询服务热线,建立网上法律咨询平台,为企业提供法律法规、政策等咨询服务。组织专业法律机构,为圈内企业提供法律顾问服务,开展法律知识宣传、法律咨询、法律维权与援助等服务。

2.市场开拓服务平台

发展为企业提供企业形象、产品设计、产品推广、展览展销、品牌打造和传播等中介服务机构,帮助圈内企业制定营销策略、创新营销方式、扩大营销渠道,为企业提供对外贸易、技术合作、招商引资、风险投资等服务;组织企业参加各类展销展示会、产品交易会、供求洽谈会以及国内外商务考察活动;鼓励服务机构为企业提供展览、展销的策划、设计、制作等一条龙服务;指导企业参加政府采购项目投标等活动;积极开拓国内外市场,大力发展电子商务,建立商贸信息发布和预警预测机制,提供国际交流与合作服务,支持企业"走出去""引进来"。

3.共性技术服务平台

鼓励高等院校、科研院所和各类社会科技人才在工业园区、产业集群区和企业创业基地创办共性技术服务平台,为都市圈企业提供关键技术攻关、产品研发检测、标准认证推广、专利申请代办等服务。引导创新资源向企业集聚,促进产学研合作,破解共性关键技术难题,大力开展工业设计、技术检测、技术咨询等技术服务,加快新技术、新工艺、新材料以及先进质量管理方法的推广应用,为圈内企业提高产品质量、节能减排、创新发展提供技术支撑。

4.创新投入体系

支持企业科技投入,鼓励大企业独立或与人合作建立产业研发中心,增强企业自主创新能力。以生产力促进中心或行业协会为依托,建立产品检测中心、实验室和专业技术培训中心。建立合理的科技投入占 GDP 比重。推动研发组织与机制创新,鼓励研发—生产—销售一体化和建立研发企业联盟。

5.产品标准体系

引导企业广泛采用国际标准,大力普及 ISO 系列认证、3C 认证、欧盟 CE 认证、美国 UL 认证等国际标准知识工作;鼓励传统优势产业的行业协会积极参与国际标准制订工作;积极吸引国际标准检测中心到成渝都市圈制造业基地设立产品高检测分支机构。通过建立与国际接轨的产品标准体系和产品监测体系,加快成渝都市圈企业与国际市场接轨的步伐。

9.3.6 建立产业协调机制

建设和完善以生产力促进中心为核心的跨行政区划协调新体制,加强区域整合,提高产业空间效率。借鉴台湾和澳门等地的生产力促进中心的成功经验,以制造业基地为基本单位,建立交通设备制造、医药化工、小商品、五金等产业生产力促进中心。这些中心是准政府性质的企业化运作的机构,主要通过向大产业区的企业提供知识援助以提升企业竞争力。其主要职能有:组织共性技术(包括新型设备、原材料、工艺、生产和经营管理流程)开发,推动产业技术进步;组织专业知识培训和专家咨询、诊断,提升企业学习能力;推行产品国际标准和国家标准;提升产品品质;组织专家帮助企业推行现代企业制度;组织企业招商和参展;协助行业协会进行自律管理,避免大产业区内部市县之间及企业之间的过度竞争、恶性竞争;等等。同时,以制造业基地为基本单位,建设有关县市长联席会议制度,加强县市之间、部门之间的协调。

<table>
<tr><td>第
十
章</td><td></td></tr>
</table>

经济走廊：搭乘"高铁快车"

高速铁路是经济、技术发展到一定阶段后出现的一种便捷的区域交通方式。实践表明，高速铁路的快速发展大幅改善了传统铁路运输的面貌，极大地提升了区域间资源要素流动的效率与水平，有利于带动区域经济社会发展，特别是沿线产业的发展与融合，有助于形成高铁"经济走廊"。随着成渝高铁建成通车，以一条城际高铁、两条快速铁路、三条高速公路组成的立体交通体系即将形成，成渝都市圈发展迎来了新机遇。因此，建议以成渝高铁客运专线建设为契机，优化成渝城市空间结构，强化城际经济联系，构筑具有国际竞争力的城市群体，努力将成渝都市圈建设上升为"国家战略"。

10.1 主要经验：高铁建设强化城际经济联系

10.1.1 缩短通勤距离，促进劳动分工扩大化

国外经验表明，随着高速铁路的建设运营，城市之间的通勤距离和通勤时间大幅缩短，推动了区域分工扩大化，即由原有的以城市为主体的分工体系转变为以区域为主体的分工体系。这是因为，随着城市经济的发展，原有以城市为主体的分工体系难以克服"小而全"的弊端，而以区域为主体的分工体系则带来了规模经济效应，高速铁路的建设则有效降低了分工扩大化的成本。例如，巴黎至里尔高速铁路的开通，大大加强了沿线城市的相互联系，改变了沿

线城市群原有的分工格局,使南特成为法国重要的高科技产业集聚地。1964年,全长 515 千米的东海道新干线开通,突破了原有的地形和交通阻隔,使得从东京经由横滨、静冈、名古屋和京都到大阪的城市分工格局发生了巨变,由此形成了支撑日本经济社会发展的大动脉。

10.1.2 打造交通枢纽,促进要素流动市场化

作为一种现代高速交通方式,高铁有利于高效交通枢纽的形成,并借此促进区域资源要素的市场化流动。高铁经停加速了大城市和小城市之间的人流、资金流、信息流、技术流的流动,并使其在地域空间得到重新分配,这不仅方便了中小城市的人才、商品和服务走向大城市,同时也方便了大城市的人才、商品、服务以及企业流向小城市,给区域带来新的发展动力,并能促进原有产业升级。随着交通枢纽核心和周边的配套职能体系不断壮大,衍生出新的"核心",因而产生新的"周边"和"配套",最终实现"交通、交易、交换和交流"职能体系共生。日本新干线的建设带来了十分显著的直接经济收益和间接的效益。新干线的建设不仅带动了日本土木建筑、原材料、机械制造等有关产业的发展,更促进了人员流动,加速和扩大了信息、知识和技术的传播,从而带动地方经济发展,缩小城乡差别。

10.1.3 打造节点城市,形成区域经济增长极

高铁建设的实践表明,高铁车站的建设会给沿线城市带来整体性的人口与产业的增长,增强沿线城市的集聚能力,打造节点城市,形成新的经济增长极。同时,由于原有的城市经济基础强弱和高铁经济的影响效应高低不同,沿线城市之间结构和功能将不可避免地发生重组,逐步形成"点—线—面—体"的城市格局,并由此导致高铁沿线经济走廊的发展演化。例如,法国 TGV 大西洋线的 Vendome 车站周边地区,高速铁路通车的 3 年时间里,地价上涨了35%,房地产交易量上涨了 22%。又如,长沙东南部的黎托镇原来是一个不起眼的小镇,因为武广高铁长沙南站设置在此,已发展成为规模 8 000 平方米

的"城市副中心"。可以看出,高铁车站建设对于所在城市有着巨大的影响力和促进作用。

10.1.4 推动产业转型,促进产业发展高端化

高铁对城市交流的促进作用更多地体现在商务活动和人才之间的流动,因此扩大了城市居民和访客对于本地服务业如会议、会展、旅馆等功能的需求,同时这些类型的现代服务业对高端人才的吸引又能促进本地产业转型,形成一个良性的循环。以法国里昂为例,其在高铁开通后产业集群得到快速发展,尤其是生产性服务业得到强化。又如,日本东海道挂川市是日本本州中部的一个县级小城市。高铁开通以前,挂川的商业增长几乎为零。1988 年新建高铁站点后,挂川发掘自身的区位与自然资源优势,将城市定位为沿海的高端旅游休闲城市,从 1988 到 1992 年的 5 年间商业增长了 37.6%。此外,高铁开通后挂川还新建了许多宾馆、酒店来满足高尔夫等休闲运动以及商务会议的旅客需求。而在另一方面,挂川的居民也可以利用新干线方便地使用到东京、京都、大阪等周边大城市的展览馆、音乐厅、剧院等文化设施。

10.2 发展机遇:高铁建设加速城镇经济走廊

成渝高铁建设和运营,将极大地冲击成渝都市圈内部原有的分工体系和格局,打破原有的要素流动方向和规模,改变原有的工作和生活模式,进一步密切城市群内部经济联系,进而重塑区域竞争优势。

10.2.1 区域分工扩大化

高铁建设给沿线地带的产业发展及产业结构提升带来了巨大的促进作用,使区域原有的产业发展特征改变或形成新的产业带,交通经济带的发展特

征凸显。从日本的高铁建设历史看,由于东海道新干线的成功,日本运输部和国有铁路公司随之将新干线向日本西部延伸。1967年日本开始着手修建连接大阪和福冈的山阳新干线,1975年全线开通,并最终形成沿太平洋伸展的所谓"太平洋工业带",从而实现了日本经济高速增长和国民收入的大幅度增加。可以看出,高铁建设引发的扩大化的劳动分工,强化了沿线城市之间的经济联系,有力地推动了高铁经济走廊的形成。因此,建议市政府顺势而为,以"成渝万"高铁建设为契机,积极打造高铁经济走廊,逐步形成成渝经济区的主轴。

国外经验表明,随着高铁的建设运营,城市之间的通勤距离和通勤时间大幅缩短,推动了区域分工扩大化,即由原有的以城市为主体的分工体系转变为以区域为主体的分工体系。例如,1964年全长515千米的东海道新干线开通,突破了原有的地形和交通阻隔,使得从东京经由横滨、静冈、名古屋和京都到大阪的城市分工格局发生了巨变,由此形成了支撑日本经济社会发展的大动脉。因此,成渝高铁的建设和运营,将使得成渝都市圈内部的分工体系呈扩大化趋势,成渝都市圈内部原有的分工体系必将做出适当的调整,其中的每个城市都有机会获得发展。

10.2.2　工作生活同城化

高铁大运量、高密度、公交化的运输组织模式,加速了人员流动,扩大了人们的工作和生活范围,有力促进了铁路沿线的同城化,改变了人们的生活观念、生活习惯以及工作模式和发展理念。成渝两地一衣带水,文化认同度高,高铁建设将进一步提升成渝之间的交通便利性,工作生活同城化的趋势将有利于推动成渝都市圈发展。

10.2.3　要素流动市场化

作为一种现代高速交通方式,高铁有利于高效交通枢纽的形成,并借此促进区域资源要素的市场化流动。高铁经停加速了大城市和小城市之间的人流、资金流、信息流、技术流的流动,并使其在地域空间得到重新分配,这不仅方便了中小城市的人才、商品和服务走向大城市,同时也方便了大城市的人才、商品、服务以及企业流向小城市,给区域带来新的发展动力,并能促进原有产业升级。因此,成渝高铁的建设运营,将有力地促进区域要素市场化流动,为成渝都市圈,特别是广大中小城市的经济社会发展带来新的发展机遇。

10.2.4 产业发展高端化

高铁对城市交流的促进作用更多地体现在商务活动和人才之间的流动上,因此扩大了城市居民和访客对本地服务业如会议、会展、旅馆等功能的需求,同时这些类型的现代服务业对高端人才的吸引又能促进本地产业转型,形成一个良性的循环。这为提升成渝都市圈内部产业发展质量、加速产业转型升级带来了难得机遇。

10.2.5 竞争优势群体化

国外研究表明,全国性高铁网络或跨区域的高铁可以使不同区域的核心城市连接更加紧密,从而促进经济交流、产业扩散以及人员和技术的交流,为落后地区的发展做出贡献,有助于减小地区间的经济发展差异。20世纪70年代的日本经济高速增长,以"太平洋工业带"为中心的地区得到巨大发展,而其他地区相对滞后,经济上出现了地区差。于是,为谋求均衡开发,消除经济上的地区差,日本于1970年制定了《全国新干线铁路扩建法》,并据此确定了总长约为6 000千米的新干线铁路建设基本计划。1971年,东北新干线和上越新干线动工;1982年,东北新干线和上越新干线先后通车,形成伸向东北和日本海地区的高速铁路线。由于新干线的建设,原先集中于关东地区的产业活动向中部地区、近畿地区扩散,为日本国土均衡发展做出了贡献。

全国性高铁网络或跨区域的高铁可以使不同区域的核心城市连接更加紧密,从而促进经济交流、产业扩散以及人员和技术的交流,为落后地区的发展做出贡献。因此,成渝高铁的建设运营,有助于强化以成都、重庆为中心城市的成渝都市圈的内部城际经济联系,增强内部经济实力和外部竞争力,使得区域的国际竞争优势进一步提升,有助于"国家战略"意图实现。

10.3 主要问题：城市群体竞争优势有待重塑

成渝都市圈内部城市仍然缺乏"抱团"意识,行政壁垒仍然较为突出,各种要素的流动并不通畅,这都有碍城市群体竞争优势的塑造。具体来看：

10.3.1 竞合机制有待夯实

成渝高铁于 2015 年建成通车,目前成渝都市圈各城市都处在同一起跑线上,抢抓高铁时代机遇、竞谋发展的势头非常明显。从局部来看,各城市开发规划科学有序,布局合理,但立足全局来看,同质竞争仍然较为严重,例如,农业产业化趋同,工业发展较为集中在建材、机械、化工、食品、轻工纺织等传统产业领域,服务业相对滞后。与此同时,各城市之间的合作,更多的是"桌上握手、桌下踢脚",缺乏像四川出台的毗邻重庆城市主动融入重庆都市圈政策那样的实质性政策,竞合机制有待夯实。

10.3.2 市场机制有待强化

成渝高铁沿线跨省市、跨地区,内部差异大,行政区利益主体地方意识强,招商引资中即使通过多方努力达成了一致意见,由于监督机制不健全,党政领导决定的一些合作事项总是停留在文件、会议上,措施难以落实。较为突出的是,市场机制导引下的人才、技术、资金、信息等要素流动仍然是有限的,城市群内部之间的要素的市场化流动仍不够顺畅,这与高铁本身对要素市场化流动的趋势不符。

10.3.3 人口流动有待推动

高铁建设将极大地激发成渝都市圈内部的人口流动,伴随人流量激增的将是技术流、资金流、信息流等。但是,从目前来看,政府更加重视有形的基础设施建设,忽视促进和保障人口流动的措施和政策。例如,高铁换乘的"无缝"连接、异地社会保障的"无缝"连接、高铁票价的居高不下,这些因素都将在一定程度上限制人口流动。

10.3.4 节点城市规划不力

高铁建设为经停城市带来了发展机遇,最为直接的就是高铁车站的建设。作为重要的城市基础设施,高铁车站成为途经城市经济发展和城市建设重要的"增长点"。然而,就目前的规划和建设来看,部分车站远离城市,与原有的城市互动性差,同时缺乏围绕高铁车站的城市规划和产业规划,这容易形成高铁车站"孤岛",导致城区、社区和园区建设脱节,有违十八大新型城镇化精神。

10.4 对策建议:打造具有国际竞争力的都市圈

以成渝高铁建设为契机,积极推动区域内部的要素市场化流动,将有助于实现成渝都市圈内部城市的互动式发展,借此塑造良好的区域竞争优势,打造具有国际竞争力的都市圈。

10.4.1 以流动人口为核心,促进成渝城际人口流动

正如前文所述,高铁带来的人口流动将是革命性的,其规模将极大地影响与之相关的技术、资金、信息等的流动。因此,为了更好地促进成渝都市圈的人口流动,建议:一是尽早与铁道部接洽,通过财政补贴等方式,有效降低高铁

票价,降低出行成本;二是科学规划,以高铁、城市交通"无缝换乘""零换乘"为目标,确保出行方便、快捷,提高服务满意度;三是切实在提高服务效率的基础上,积极与高铁运营方紧密合作,进一步提升高铁运营的安全性;四是确保城市群内部省际、城际流动人口社保的"无缝"对接,减少其后顾之忧;五是尽快实现城市公交卡、宽带账号等的异地使用,进一步降低流动人口的生活成本。

10.4.2 以市场机制为导向,加快建设广域产业集群

高铁经济走廊为沿线产业发展带来了前所未有的发展机遇,然而强调产业上关联、地域上集中的狭义产业集群很难适应这种扩大化的分工格局,产业上关联、地域上相对集中的广域产业集群则必然成为高铁经济走廊的主要载体。所谓广域产业集群,是指在都市圈内部具有竞争合作关系的相关主体,基于产业内部联系,形成的具有相对稳定、合作较为紧密、布局相对松散等特征的产业集聚体。广域产业集群经济现象是在市场机制的作用下产生的,是分工扩大化的重要表现形式。与传统的产业集群相异,广域产业集群并不强调地理上的集聚,它强调的是一种建立在城市之间竞争与合作的产业联系,使其合作的广度和深度都有所加强。因此,在高铁经济走廊建设过程中,建议以沿线城市为依托,以广域集群为目标,在竞合机制的基础上,逐步构建 500 千米范围内的具有国际竞争力的产业体系和分工格局。

广域产业集群是成渝都市圈建设在产业层面的具体实现形式。强调产业上关联、地域上集中的狭义产业集群,很难适应这种扩大化的分工格局,产业上关联、地域上相对集中的广域产业集群则必然成为高铁经济走廊的主要载体。因此,建议以沿线城市为依托,以广域产业集群为目标,在竞合机制的基础上,逐步构建若干 500 千米范围内的具有国际竞争力的产业体系和分工格局。其原则有三:一是依托产业发展实际,以成渝都市圈为载体,通过省(市)际、城际合作,积极构建广域产业集群;二是广域产业集群的建设目标,是打造区域品牌,参与国际竞争,以此构筑区域竞争优势;三是广域产业集群实行松散式的管理运营模式,竞争与合作相结合,市场引导与政府规制相结合。

10.4.3 以体制创新为重点,建立三个层面合作机制

美国加州大学伯克利分校交通研究中心的研究表明,如果高铁周边地区提供足够的交通运输网络及公共开发政策,周边地区的土地价值将至少提高20%。新的规划理念都是在寻求节点交通价值与城市功能价值的平衡中发展,而且这些枢纽地区的城市功能价值越来越大,直接影响了整个城市或者都市区。在荷兰,已经把这些地区定义为新关键性节点,并把它上升到国家的空间规划政策层面。高铁经济走廊是一种跨行政区域的经济合作形式,体制机制创新是不断提高其经济效益的重要保障。因此,要充分发挥高铁经济走廊的群体竞争优势,政府部门应当在高铁建设与管理、产业分工、环境保护、公共服务等方面建立科学的体制机制,并借此促进区域资源要素的有效流动,推动区域经济、国民经济发展。

高铁经济走廊是一种跨行政区域的经济合作形式,体制机制创新是不断提高其经济效益的重要保障。因此,要充分发挥高铁经济走廊的群体竞争优势,政府部门应当在高铁建设与管理、产业分工、环境保护、公共服务等方面建立科学的体制机制,并借此促进区域资源要素的有效流动,推动区域经济、国民经济发展。具体而言,一是要建立成渝中心城市合作机制,通过强化中心城市合作,提升合作的层次和实效,引起国家的重视;二是要建立中心城市与中小城市之间的合作机制,特别是中心城市与非行政隶属的中小城市之间的合作,这有利于带动中小城市的发展壮大;三是进一步密切中小城市之间的合作,在这个层面巩固要素流动,特别是人员流动的成果,这也是成渝都市圈建设的根基所在。

10.4.4 以高铁建设为契机,优化成渝城市空间格局

高铁建设的实践表明,高铁车站的建设会使沿线城市整体性的人口与产业增长,增强沿线城市的集聚能力,打造节点城市,形成新的经济增长极。同时,由于原有的城市经济基础强弱和高铁经济的影响效应高低不同,沿线城市

之间结构和功能将不可避免地发生重组、演化。因此,要以高铁建设为契机,不断优化成渝都市圈空间布局,逐步形成"点—线—面—体"的城市格局。建议:一是进一步增强成都、重庆两个中心城市的核心功能,提升城市经济的辐射和带动作用;二是通过财政、税收、土地等优惠政策,努力拓展广大中小城市的发展空间;三是高度重视成渝都市圈内部的小城镇发展,将其打造成连接城市与农村的重要节点,借此不断完善城市等级体系。

10.4.5 以高铁车站为抓手,推动节点城市科学发展

国外经验表明,高铁车站及周边区域规划建设是高铁经济走廊建设的重要抓手。我们既不能盲目夸大,也不能简单轻视枢纽地区的作用。高铁车站地区的建设成功与否,与客运量的规模、乘客的构成、城市的经济发展阶段、城市性质等密切相关,不能简单套用国外的模式,在建设中必须注重节点的价值平衡。一个场站有很好的可达性,将吸引商业、住宅和其他设施的集聚,功能集聚的同时也会相应带来交通量的增长。如果场所具备了商业、办公等设施,而交通的可达性不好,这些城市功能将不能继续增长。因此城市功能价值的增长和节点交通价值的增长都存在着边际效益递减的关系,两者之间平衡发展是目前交通枢纽地区发展的主流思想。

因此,建议:一是既不能盲目夸大,也不能简单轻视枢纽地区的作用,也就是既不能搞大拆大建,也不能应付了事,错过新型城镇化的发展良机;二是要科学规划设计高铁车站;三是要以高铁车站为增长极,积极围绕高铁车站做好周边的产业规划和城市规划,切实把握高铁建设带来的发展机遇。

第
十一
章

研究结论与展望

11.1 研究结论

1.都市圈是区域经济的微观载体。国内外经济发展实践表明,作为一种空间经济组织形式,都市圈已经成为最为重要的区域经济微观载体。在未来的经济发展中,都市圈将肩负区域经济微观载体的使命,成为中国未来国民经济分级分区调控体系的有效组织载体。一方面,圈域内的资源空间优化配置将使圈域经济获得高效率增长;另一方面,圈域间的资源空间优化配置将有利于促进国民经济协调发展,从而取得较高的综合经济效益。从空间形态上看,都市圈强调"点—线—面—体"式的空间结构,"点"指群内包括中心城市在内的各级城市,"线"指城市间特别是中心城市间的联系,"面"指都市圈作为一个整体而实现的协同效应,"体"指通过城市与农村的互动发展促进城乡一体化。从发展定位看,为实现规模经济,都市圈更加侧重于在内部建立一套完整的生产体系,更强调群内的经济交流。在开放竞争的条件下,广泛地参与国际经济分工,都市圈成为国际经济体系的一个重要环节。

2.成渝都市圈建设战略意义远大。成渝都市圈包括重庆全域的 38 个区县和四川省的成都、德阳、绵阳、眉山、资阳、遂宁、乐山、雅安、自贡、泸州、内江、南充、宜宾、达州、广安等 15 个城市。成渝都市圈位于"一带一路"和长江经济带的交汇处,国家战略定位赋予了成渝都市圈前所未有的历史使命,也为其带来了难得发展机遇。川渝两地文化一脉相承,山水相连,血脉同源,两地不仅具有天然一体的自然资源关系,更有悠久的经济社会文化联系,在社会、经济、产业、文化、历史、资源、交通等诸多方面,有着十分紧密的依存和互补关系。同时,两地合作共建成渝都市圈,既是双方经济发展的需要,又是长江上游生态屏障建设和三峡库区环境治理保护的需要,同时也是国家西部大开发战略规划的重要组成部分。因此,建设成渝都市圈,既具有较强的必要性和紧迫性,也具有较强的可行性。

3.着力打造中国"第四极"。着力建设中国经济"第四极",使其成为我国中西部城镇化人口聚集最大的空间载体,继而带动整个长江上游的经济发展,最终使成渝经济区成为西部乃至全国的经济增长极,辐射大西部。优先发展成渝地区,整合构建成渝城镇群,将成渝都市圈打造成为我国经济增长的"第四极",既是一种历史积累的必然趋势,又是国家新一轮经济发展的需要。与此同时,成渝都市圈既是实现"两个大局"战略的重要平台,也是西部参与国际竞争的战略门户;既是东部开发向西部推进的战略枢纽,也是西部地区科学发展的示范平台,在我国国民经济发展中具有不可替代的地位和作用。

4.加快成渝都市圈建设步伐。成渝都市圈建设分为三个阶段:整体集聚期(2016—2020)、内部分化期(2020—2030)、整体成熟期(2030—2050)。到2050年,成渝都市圈的中心城市集聚与辐射效应明显,城市等级体系完善,市场机制在资源配置过程中发挥着基础性作用,竞合机制完善,产业国际竞争力强大,在我国国民经济乃至全球经济发展中发挥着举足轻重的作用,成为我国经济"第四极"。因此,必须加快成渝都市圈建设步伐,在改革创新中寻求健康、协调、持续发展。塑造中心城市,培育中小城市,不断优化城市空间,完善城市等级体系,打造"西部天眼";坚持以人为本,不断拓展支撑体系内容,"软硬兼施",努力寻求中心城市与中小城市公共服务、个人服务和企业服务体系的"均等化",夯实成渝都市圈的基础;优化顶层设计,推动机制创新,完善机构建设,使都市圈运作管理日常化、制度化,进而完善其公共治理,推动一体化进程;以广域产业集群建设为依托,加快转变城市发展方式,调整优化城市产业布局和结构,促进城市经济转型升级,改善营商环境,增强经济活力,扩大就业容量,推动都市圈产业融合进程;以成渝城际高铁建成通车为契机,努力抓住高铁带来的前所未有的发展机遇,打造高铁"经济走廊",建设具有国际竞争力的都市圈。

11.2 创新之处

本书研究的创新之处包括:

1.选题创新。成渝都市圈区位突出,资源条件优越,经济发展态势良好,是国家西部大开发的重要区域,也是长江经济带和"一带一路"战略的重要构成和重要载体。本书研究着眼于国家"十三五"发展,密切把握国民经济发展演化趋势,紧扣成渝都市圈经济社会实际,结合近年来国内外都市圈理论成果和实践经验,较为深入地研究成渝都市圈的发展问题,具有很强的现实性和时效性。

2.政策创新。通过改善现有政策的实施效果,寻找新的着力点,力求在具体对策及与此配套的措施方面有所创新和突破,提出若干具有可操作性的政策建议,以此推动成渝都市圈建设。这主要体现在:一是打造"西部天眼",优化成渝都市圈的空间布局;二是加快改革创新,打造立体式的都市圈支撑体系;三是打造七大广域产业集群,进而推动成渝都市圈产业融合;四是顺应经济发展趋势,打造高铁经济走廊。

3.理论创新。首先,通过对国内外都市圈建设和发展经验教训的总结提炼,优化都市圈布局,深入剖析都市圈内部的共生机制和排斥效应,有助于丰富和发展我国城市经济学和区域经济学;其次,运用都市圈经济一体化最新理论成果,提出打造立体式的支撑体系,使都市圈内部的人流、信息流、物流、资金流、技术流等更为通畅,经济运行效率更高;再次,提出建立基于都市圈层次的广域产业集群,将过去的大范围、低层次的同构经济转变为小范围、高层次的集群经济,借此推动都市圈产业融合;最后,本书提出了都市圈是"一带一路"战略实施的重要载体、都市圈是促进经济增长方式转变的重要手段等新观点。

▌11.3 研究展望

总体来说,在成渝都市圈的研究基础上,以下四个研究领域需要继续研究:

1.流域经济与都市圈经济融合发展。成渝都市圈主要分布在长江上游干流和嘉陵江、乌江、岷江、沱江等主要支流的中下游地区,城市和产业绝大部分都是沿江分布。从本质上说,成渝都市圈是一种典型的流域经济。事实上,流域经济是城市经济发展的源起和前提,而都市圈是城市经济发展到较高阶段的城市空间形态。因此,从流域经济和都市圈经济的自身特质出发,着力探讨流域经济与都市圈经济的融合发展,具有一定的研究价值。

2.国家中心城市建设与都市圈经济发展。国家中心城市建设,是国家在新型城镇化的大背景下,为了塑造具有国际竞争力的国际大都市而提出来的。包括北京、天津、上海、重庆、广州在内的五大国家中心城市,既是国家新型城镇化体系的重要节点,也是国家经济发展中的重要增长极。国家中心城市建设与都市圈经济强调的以中心城市为导向具有异曲同工之妙,而且五大中心城市所在恰是我国都市圈经济最为发达的地区,所见的正是强大的中心城市,带来了都市圈经济的快速、协调、健康、持续发展。因此,站在国家中心城市建设的视角,深入研究中心城市与都市圈经济区域经济甚至国民经济发展的内在机理,具有较大的研究价值。

3."一带一路"战略与都市圈经济发展。"一带一路"战略是国家正在实施的三大核心战略之一,也是我国应对国际新形势的重要举措。在我国新型城镇化的大背景下,都市圈以其独有的特点和属性,成为"一带一路"战略实施的重要载体。目前,仍然需要深入研究都市圈经济模式与"一带一路"战略的切合点,以及如何通过都市圈经济模式建设,强化我国在"一带一路"建设中的核心和主导作用,进而依托"一带一路"战略实施带动我国都市圈经济发展。

4.经济增长方式转变与都市圈经济发展。在开放竞争的条件下,都市圈广泛地参与国际经济分工,成为国际经济体系的一个重要环节。在经济增长方式转变的大背景下,都市圈经济以自身独特的经济理念,破解了粗放型经济增长中存在的诸多难题,从"中观经济"视角为经济增长方式转变提供了思路。如何借鉴日本的成功经验,充分利用都市圈经济模式,优化我国生产力布局,降低经济运行成本,提高经济运行效率,努力推动我国经济增长方式转变,是今后很长一段时期内需要重点研究的课题。

<table>
<tr><td>附　　录</td></tr>
</table>

近年于重要报纸发表的系列相关文章

一、都市圈与其他区域经济模式的辨析

　　都市圈是在城市化、信息化和工业化基础上，区域经济的发展达到一定水平后形成的，是以中心城市为主导、以城市等级体系为依托、以紧密的经济联系为特征的经济社会高度一体化的经济体。将都市圈与其他区域经济模式进行辨析，一方面有助于进一步加深对都市圈经济模式的理解，提高对都市圈的理论认识，另一方面也有助于政府部门把握都市圈经济理念，提升实际运用效果。

都市圈与行政区经济

　　行政区经济是指由计划经济向市场经济转轨过程中，因行政区划对区域经济的刚性约束而产生的一种特殊经济现象，属于区域经济的一种过渡形态。其主要特征是：(1)行政区经济是受地方政府的经济职能和经济行为直接影响的经济；(2)行政区经济的行政中心与经济中心具有高度重合性；(3)行政区经济具有边界特征和内在结构的相对稳定性。在具体表现形式上，我国行政区经济包括三个层面：省市区层次的经济区、地市层次的经济区和县市层次的经济区。

　　与行政区经济不同，以中心城市为主导的都市圈经济模式是一个地区经

济社会发展的主要平台,是促进区域经济社会发展的有效途径,因而成为一国经济社会的发展极。都市圈的外在形式是城市在空间位置之间的组合,实质是在经济活动中不限于行政区划的、密切联系的经济体或经济组织。都市圈既强调整体发展,也强调城市经济的发展。行政区经济中存在的"官本位"思想以及由此导致的"地方政府经济圈"割裂或阻碍了城市间的经济联系,这种短期行为制约了区域优势的发挥和区际经济关系的协调发展。都市圈则可在兼顾成员城市发展的基础上,努力发挥中心城市的主导作用,实现整个都市圈的又好又快发展。

都市圈与城市群

都市圈是指在特定地域范围内具有相当数量不同性质、类型和等级规模的城市,依托一定自然环境条件,以一个或两个特大城市作为地区经济的核心,借助现代化交通工具和综合交通网络的通达性,以及高度发达的信息网络,发生与发展着城市个体之间的内在联系,共同构成的一个相对完整的城市"集合体"。城市群是指在特定区域范围内云集相当数量不同性质、类型和等级规模的城市,以一个或两个特大城市为中心,依托一定自然环境和交通条件,城市之间的内在联系不断加强,共同构成一个相对完整的城市"集合体"。

从空间形态上看,都市圈强调"点—线—面"式的空间结构。"点"指圈内包括中心城市在内的各级城市,"线"指城市间特别是中心城市间的联系,"面"指都市圈作为一个整体而实现的协同效应。城市群的空间结构层次分布不大明显,多个中心城市沿轴线分布,在各中心城市之间分布着许多绿地和农田,因此空间结构上更接近于"点—轴"模式。例如,在长江三角洲地区,城市数量多,经济发达,可谓一个特大的城市群;而上海都市圈则强调以上海为中心城市,以杭州、南京为副中心城市,广大中小城市呈等级分布,城市间有较明确的分工定位,经济联系强度层次分明。从发展定位看,为实现规模经济,都市圈更侧重于在内部建立一套完整的生产体系,更强调圈内的经济交流。

都市圈与城市带

城市带是由一组规模较大、地域相邻、彼此关联的城市沿交通干线分布而形成的带状城市群。它以交通干线为轴线、以城市为节点,形成一个有机联系的城市群体,在空间上呈带形扩展。经济活动的空间集聚与空间扩散也主要沿交通干线展开,形成产业带。城市带有如下特征:(1)以某一交通干线为轴线,呈带状形态;(2)城市沿交通干线分布,地域相近,联系密切;(3)经济活动以城市为中心沿轴线两侧集聚,形成产业密集带。当沿线的大中城市进一步发展、城市空间地域不断扩张、相邻城市实体空间地域相互连接时,城市带就发展为高级形态的城市连绵带或都市连绵带。较典型的城市带有长三角城市带,这里聚集了上海、昆山、苏州、无锡、常州、镇江和南京等城市,其分布特征是沿上海至南京铁路线呈现带状分布。

都市圈与城市带具有一定的相似性:二者在一定的空间地域上可以相互重叠,并且在很大程度上依赖交通干线实现彼此的经济联系。但城市带更强调在一定地域范围内不同城市因交通、某种社会经济联系而构成的城市集合体,尤其是其在地域上的相邻关系。都市圈则更重视一定地域范围内的中心城市与周围城市及乡村之间因密切的社会经济联系所形成的区域,这个范围既包括城市也包括乡村,把中心城市与周围地区联结在一起的是它们之间密切的经济联系。另外,城市带并不强调中心城市及其核心作用,而这恰恰是都市圈的关键特征。

都市圈与都市连绵区(带)

都市连绵区是指若干个都市区沿综合交通走廊连绵分布而形成的巨型城乡一体化区域,当都市连绵区呈带状分布时就形成都市连绵带。与都市连绵区(带)相比,都市圈更强调圈域经济发展的边界性。尽管中心城市作为地区经济发展极,有着较高的经济势能,但其经济势能所带来的经济影响将随着距离的延伸逐步减弱;中心城市的能量是有限的,因此都市圈发展是有边界的。

同时,若干个都市圈在地域上的相邻,也可能形成都市连绵区(带)。例如,在我国长江三角洲地区,上海圈、杭州圈和南京圈则彼此重叠,共同发展。

都市圈与统筹城乡综合配套改革试验区

2007年6月7日,国家发改委下发通知批准重庆市和成都市设立全国统筹城乡综合配套改革试验区。与都市圈经济相比,国家统筹城乡发展综合配套改革试验区设在中西部相对不发达地区,依托具有重大影响和带动作用的特大中心城市,也具有推动区域经济协调发展的共同内涵,但更具政策性意义,其根本目的在于逐步建立较为成熟的社会主义市场经济体制,基本形成强化经济发展动力、缩小城乡区域差距、实现社会公平正义、确保资源环境永续利用以及建设社会主义新农村等综合模式,走出一条适合中西部地区的发展道路。但都市圈经济并不强调大包大揽,更多的是涵盖经济范畴,借助于经济发展促进社会发展;同时都市圈强调以中心城市为主导,并且是有边界的,其范围远小于试验区;最后,都市圈经济强调资源的集聚,其经济集聚性远胜于试验区,经济效益也更为明显。

[本文发表于《光明日报》(理论版)2009年8月11日]

二、大力加强支撑体系建设,促进都市圈经济一体化

都市圈是以中心城市为主导、以城市体系为依托、以紧密的城际经济联系为特征的区域经济微观载体。城际经济联系强度是衡量都市圈经济效应发挥的重要指标,而城际经济联系的强弱则取决于都市圈支撑体系。大力完善都市圈支撑体系,有利于加速都市圈经济一体化进程,对于促进区域经济、国民经济发展具有非常重要的意义。

都市圈支撑体系区别于一般意义的基础设施建设,涵盖的范围更广,针对性更强。根据都市圈经济一体化理论,我们可以将其支撑体系划分为三个层次,即公共服务体系、企业服务体系和个人服务体系。其中,公共服务体系是指那些对都市圈经济交流存在重大影响、具有公共产品性质的产品和服务,包括交通、通信、港口、互联网等等;企业服务体系是指那些有利于企业实施跨地区经营的政策和制度,包括地区产业政策、工商注册流程、工商税务政策等;个人服务体系是指城市间共享的旨在促进都市圈人才流动的政策和制度,包括社会保障体系、教育资源共享、户籍管理制度、医疗保障制度等。

在当前的都市圈建设过程中,一般局限在城际铁路、高速公路等硬件基础设施建设,过于单一化,缺乏立体推进措施。诚然,都市圈基础设施建设是都市圈支撑体系的重要方面,但并不是全部。都市圈支撑体系建设的主要目的体现在:既要重视道路等基础设施建设,也要重视通信、电信、资源、环境等方面的基础设施建设;既要重视硬件设施的建设,也要重视软件设施建设;既要注重公共产品的提供,也要注意服务质量的提高;既要重视为企业服务,也要重视为个人服务。

针对当前都市圈经济一体化建设的现状,我们认为应着力做好如下三项工作:

一是完善都市圈公共服务体系。都市圈公共服务体系建设,突破了原有的基础设施建设的范畴,为实现都市圈经济一体化创造了条件。第一,要与时俱进,夯实基础设施建设。都市圈公共服务体系既包括传统意义上的基础设施,如交通、通信、港口设施等,也包括现代信息技术设施,如电信、计算机、互联网、电话等。都市圈应当在交通、通信、信息共享、电子政务、天然气管网、教育科研等方面加强合作,实现区域协调和衔接,以满足要素和产品的集聚、交流和扩散。第二,要不断拓展视野,扩大公共服务体系,增强公共服务体系的服务功能。要在资源开发、能源利用、环境治理等方面,建立相应的公共服务体系,既能有效地开展工作,也能有效地防止可能的资源、能源和环境危机。第三,要加强合作,实现公共服务体系的共建、共享。在公共服务体系建设过程中,要不断加强圈内各城市合作的深度和广度,极力争取经济金融部门的鼎力支持,建立公共服务体系建设的共建机制。同时,要本着互利合作的原则,设计科学有效的利益分配机制,不断加强公共服务体系的无缝对接,发挥协同效应。

二是要加强都市圈企业服务体系。熊彼特在其《经济发展理论》一书中,把企业家定义为"创新者",创新包括"引入新产品、引入新的生产方法、开辟新市场、获得原材料或者半成品的新来源、创立新的工业组织"。而卡森在《企业家:一个经济理论》一书中认为,企业家是"专门就稀缺资源的配置做出判断性决策的人"。可见,企业家在促进都市圈内部经济联系,特别是产业融合方面有着重要的作用,因此必须重视和发挥企业家的作用。然而,现行的一些制度、政策和做法,如工商税收制度、工商注册制度、招商引资政策、地方保护主义等,提高了企业跨地区经营的成本,严重地打击了企业家在都市圈内部实施跨地区经营的积极性,企业家作用没有获得充分发挥。因此,企业服务体系建设是都市圈经济一体化建设的内在要求,也是支撑体系建设的重要组成部分。具体而言,要从以下五个方面入手:第一,转变观念,简化服务流程,实现信息共享。要站在都市圈全局的高度认识和理解企业服务体系的重要性,不断实施流程改造,简化工商注册等程序,降低企业家经营成本。实现企业经营信息、信用信息的共享,为企业跨地区经营提供良好的金融服务。第二,进一步培育都市圈市场体系。要破除阻碍生产要素及商品流通的体制障碍,消除壁垒,相互扩大开放力度。要充分发挥市场机制的作用,创造公平有序的竞争环境,构建区域统一市场体系。理顺政府、企业和市场的关系,降低企业家非市场交易成本,专心做市场,才能把企业做大做强,企业家才能崛起,进而促进整个都市圈的发展。第三,不断促进产业融合。一方面,发挥企业作为市场主体在区域经济联系中的主力军作用,以企业为载体促进都市圈要素流动;另一方面,要促进产业的整合与集聚,使内部产业整合的方向形成垂直的产业链分工和水平的产业集群分工。第四,强化磋商机制,实现政策协调。在地区产业政策、税收政策、招商引资政策等方面,逐步建立磋商机制,全面平衡都市圈内部各城市主体利益,实现和谐发展。第五,努力为企业家创造良好的生活环境。企业家是企业经营决策的主体,这决定了为企业家服务也是企业服务体系的重要方面。为企业家创造良好的个人税收服务、金融理财服务、工作环境和生活条件,将有利于推动企业的跨地区经营。

三是要构建都市圈个人服务体系。大量的人才流动是都市圈经济资源配置的重要手段。伦敦、纽约、东京等都市圈,不仅人口密度大,而且流动性高,分别汇聚了所在国最优秀和最具活力的人才。而我国各大都市圈人口流动比例不高,人才配置效率较低,阻碍了都市圈经济一体化的实现。因此,都市圈支撑体系应当把个人服务体系建设作为重要的突破口。首先,要尽快完善社会保障体系。完善的社会保障体系,可以降低个人流动的风险,是促进人口流动的重要因素。要不断完善社会保障体系,实现社会保障资源的异地共享。其次,要努力实现教育资源共享。自身进修和子女教育是当前影响个人异地就业决策的重要因素。教育资源共享,就是既要保证人才自身进修的需要,也要满足其子女的教育需要。再次,要完善户籍管理制度。我国现行的户籍管理制度限制了劳动力的自由流动,使得都市圈内部人力资源配置效率偏低,影响了经济效率,不利于都市圈经济一体化。要不断解放思想,锐意改革,形成科学的户籍制度,为人口流动创造条件。复次,要健全医疗保障制度,努力实现都市圈内部医疗资源的共享,确实为个人异地工作提供良好的医疗保障。要尽快推行电子化病历,实现医疗信息的共享,减少个人医疗成本。最后,要采取各种有效措施降低个人流动的生活成本。

［本文发表于《光明日报》(理论版)2010 年 2 月 22 日］

三、培育经济主体，激活都市圈建设

都市圈是以中心城市为主导、以城市体系为依托、以紧密的城际经济联系为特征的区域经济微观载体。城际经济联系强度是衡量都市圈经济效应大小的重要指标，而城际经济联系的强弱则取决于经济主体交流互动的广度、深度和频度。大力培育和塑造都市圈经济主体，有利于增强都市圈经济活力，推进都市圈经济一体化进程，对于促进区域经济、国民经济发展具有非常重要的意义。

在当前都市圈建设过程中，建设主体一般局限在地方政府，特别是中心城市政府，带有很强的计划经济色彩，力量单一，导致都市圈经济一体化进程迟缓，其原因是对建设主体的立体性认识不足。诚然，政府部门是都市圈经济一体化建设的重要推动力量，但并不是全部。都市圈强调市场机制的主导作用，力求市场机制在都市圈资源配置中发挥基础性作用，因此，众多的企业、社会中介组织和个人都是都市圈建设的重要主体。培育都市圈经济主体的主要目的体现在：既要发挥中心城市的辐射带动作用，也要发挥中小城市的互动配合作用；既要发挥各级政府的统筹规划作用，也要发挥企业家的"穿针引线"功能；既要充分发挥社会中介组织的互补沟通作用，也要适当鼓励都市圈内部的人才流动。

针对当前都市圈经济一体化建设的现状，笔者认为应着力做好如下几项工作：

转变地方政府职能，发挥市场机制功能

都市圈是以中心城市为主导的区域经济微观载体，市场机制催生了都市圈，而政府部门是都市圈经济一体化建设的重要推动力量。政府应积极转变

职能,自觉发挥市场机制的资源配置功能,促进都市圈内部资源要素的自由流动,进而加强都市圈内部的经济联系。在都市圈经济一体化建设过程中,一方面,政府要"有所不为",即要尊重市场规律,努力让市场机制在都市圈形成过程中发挥根本性作用;另一方面,政府要"有所为",即要发挥政府的主观能动性,积极培育和完善市场机制,强化中心城市功能,扶持圈内成员城市发展。具体来说,可以从如下五个方面入手:第一,加强都市圈的机构和制度建设,形成都市圈经济一体化的组织和制度基础;第二,通过区域协定、区域公约或局部协商、多方协议等形式打破地方保护性政策,构建区域大市场;第三,在户籍制度、就业制度、教育制度、医疗和社会保障制度改革等方面加强协调,构建统一的制度框架和实施细则,实现都市圈框架内的融合;第四,协调国家财政政策、货币政策、产业政策等在区域内有效执行,创造公平的竞争环境;第五,形成区域统一市场建设区域共同服务体系、生产要素自由流动、投资便利化等方面的多边协议。

完善城市等级体系,增强圈域经济互动

都市圈强调城市之间紧密的经济联系,城市体系的完整性是都市圈经济一体化程度的重要标志。国内都市圈发展的实践,从正反两个方面说明了城市等级体系的重要性:一方面,如苏州市和青岛市两地政府的"撤县建市"举措,培育了众多的县级市,推动了中小城市的发展,为都市圈经济发展增添了活力;另一方面,以"环京津贫困带"为代表的都市圈"孤岛现象"说明,只有中心城市的发达,没有中小城市的发展,都市圈经济一体化只能是空中楼阁。因此,在都市圈经济一体化建设过程中,必须加强城市等级体系建设,实现中心城市与周边城市等级体系的互动式发展。具体来说:第一,提升中心城市的辐射带动能力。中心城市必须在产业、信息、人才、科技等方面形成自身的优势,强化自身的集聚和扩散功能,在都市圈经济发展中发挥主导作用。第二,积极培育中小城市。在都市圈逐步进入成熟阶段后,在继续发挥中心城市的辐射作用的基础上,逐渐加强中小城市的建设,在土地、财政、人才、资金等方面向

中小城市倾斜,增强其与中心城市的互动发展能力。第三,加强小城镇建设。小城镇是都市圈经济基体的重要组成部分,处于都市圈等级体系的末端,数量大,分布广。要结合新农村建设,利用"一镇一品"等措施,不断加强中小城镇建设,为我国都市圈经济一体化打下坚实的基础。第四,完善城市功能体系。在都市圈城市等级体系中,逐步调整各城市的产业结构,形成横向、纵向的产业分工体系,完善城市功能体系,达到圈内城市间经济的高度互补。

发挥企业家的作用,推进圈内产业融合

企业家在促进都市圈内部经济联系,特别是产业融合方面有着重要的作用。然而,现行的一些制度、政策和做法,如工商税收制度、工商注册制度、招商引资政策、地方保护主义等,提高了企业跨地区经营的成本,在一定程度上打击了企业家跨地区经营的积极性,未能充分发挥企业家的作用。因此,必须采取有效措施,发挥企业家的作用。具体来说,要从以下五个方面入手:第一,转变思想,改造服务流程,实现企业经营信息、信用信息的共享,为企业跨地区经营提供良好的金融服务,不断降低企业家经营成本;第二,理顺政府、企业和市场的关系,创造公平有序的竞争环境,消除各种体制障碍和壁垒,扩大圈内开放力度,降低企业家非市场交易成本;第三,以企业为载体,推动都市圈要素流动,逐步形成垂直的产业链分工和水平的产业集群分工,实现都市圈产业融合;第四,加强磋商机制,实现政策协调,在地区产业政策、税收政策、招商引资政策等方面,逐步建立磋商机制,全面平衡都市圈内部各城市主体利益,实现和谐发展;第五,努力为企业家创造良好的个人税收服务、金融理财服务、工作环境和生活条件,推动企业家的跨地区经营活动。

调动社会各方力量,促进圈域经济合作

为了实现都市圈经济一体化,争取社会各方力量也是非常重要的。第一,不断加强政府部门与学术界、企业界和民间多层次间的沟通交流,逐步形成思想上、思路上、行动上的共识,更新观念,让都市圈经济一体化的理念深入人

心;第二,对涉及都市圈发展的重大问题,建立由政府、企业、社会广泛参与的都市圈经济社会发展战略研究机制,提出切实可行的解决方案;第三,定期组织区域内外和国内外的政府领导、专家学者、企业家参与的论坛,为都市圈发展献计献策;第四,充分发挥非政府组织的作用。在政府部门指导下,建立都市圈联合商会、行业协会、企业联谊会、产权交易联合中心等组织,协调解决圈内经济发展、产业整合中的各种经济、财务、法律等问题,促进都市圈内部经济交流融合。

[本文发表于《重庆日报》(理论版)2010 年 7 月 15 日]

四、坚持先行先试，着力破解难题——探索欠发达地区科学发展之路

"十二五"规划纲要指出，以科学发展为主题，是时代的要求，关系改革开放和现代化建设全局；在当代中国，坚持发展是硬道理的本质要求，就是坚持科学发展。欠发达地区经济实力较弱，实现科学发展需要克服更多困难。作为国家级新区，重庆两江新区（以下简称"两江新区"）担负着为欠发达地区实现科学发展探索道路的重任，必须坚持在先行先试中破解难题、在破解难题中推动科学发展。

准确把握需要破解哪些难题

中央决定设立两江新区，是从我国改革开放和社会主义现代化建设全局出发做出的重大战略决策，对两江新区在给予必要权力的同时也赋予了重要使命。两江新区应在深入领会和贯彻中央战略意图与有关要求的基础上，从国家级新区的战略高度制定发展的目标、思路和任务，积极探索破解影响和制约科学发展重大难题的办法和途径。

破解城乡统筹难题。城乡二元结构是我国的现实国情，也是实现科学发展必须解决的一道难题。重庆是典型的城乡二元结构，大城市带大农村。如果重庆在城乡统筹发展方面取得成功，将具有很强的示范性。两江新区应坚持从自身实际出发，大胆实践探索，统筹推进中国特色城镇化和社会主义新农村建设，努力形成城乡发展一体化新格局。

破解内陆开放难题。同沿海沿边地区相比，内陆地区不具有开放的区位优势，同时思想观念相对落后。如何通过扩大开放促进内陆地区发展，是我国许多地区面临的一个现实课题。两江新区应认真借鉴先进地区乃至国外的成

151

功经验,积极建设内陆开放高地,着力吸引人才、资金和产业,促进开放型经济发展,推动思想观念转变,为其他内陆地区扩大开放提供参考和借鉴。

破解多层次经济形态协调发展难题。重庆集大城市、大农村、大库区、大山区以及少数民族地区于一体,自然条件、资源禀赋、现实基础差别较大,经济形态具有明显的多层次性。两江新区应坚持解放思想、实事求是、与时俱进,着力破解多层次经济形态下实现协调发展的难题,确保到 2020 年实现全面建成小康社会的目标。

破解欠发达地区实现现代化难题。在经济全球化的背景下,在改革开放和发展社会主义市场经济的条件下,欠发达地区实现现代化面对许多新情况、新问题。两江新区破解影响和制约科学发展的重大难题,从根本上说就是破解欠发达地区实现现代化的难题。两江新区应立足当前,着眼长远,不断创新发展理念、发展思路和体制机制,在坚持科学发展中加快推进现代化。

努力弄清应当如何破解难题

当前,我国既处于发展的重要战略机遇期,又处于社会矛盾凸显期,经济社会发展保持良好态势,同时发展中不平衡、不协调、不可持续问题依然突出。两江新区要切实履行好为欠发达地区实现科学发展探索道路的历史重任,必须以创新思维和创新举措破解发展难题,并努力多出思想、多出经验。

坚持战略定位,用好先行先试权。允许和支持试验一些具有突破性的改革措施,努力形成具有操作性、可资借鉴的实践模式。在城乡统筹发展、扩大内陆开放、推进户籍制度改革等方面积极探索,并及时总结经验。创新区域竞争合作机制,不断探索加快新区发展的新路子,逐渐形成以两江新区为核心、以周边城市为依托的都市圈经济发展模式。营造有利于创新的氛围,充分激发人们的创造性,使人们的创新愿望得到尊重,创新活动得到支持,创新才能得到发挥,创新成果得到肯定。

注重统筹兼顾,加快转变经济发展方式。一是构建经济建设与社会建设良性互动机制。在继续加强经济建设的同时,更加重视社会建设,更加重视保障和改善民生,通过保障和改善民生有效扩大消费,拉动内需,为经济增长和社会发展提供强大而持久的动力。二是推进园区、城区、社区联动发展。把工业园区、城区、社区建设作为一个整体来考虑,努力推动资本、技术、人力等各种要素有序流动,实现工业园区、城区、社区联动发展。三是避免片面追求GDP。不仅重视经济建设,而且重视社会建设;不仅重视当前发展,而且重视未来发展;不仅重视发展指标提高,而且重视人民生活质量提升。

推进产业转型,打造内陆开放高地。一是推动产业转型。借助重庆产业大发展的时机,充分发挥后发优势,加快推进产业转型升级,培育一批具有国际竞争力的跨国企业。二是创新开放模式。完善政策措施,优化发展环境,加大招商引资力度,构建新的开放平台,形成全方位、宽领域、多层次的开放格局。三是强化辐射带动。充分利用产业链杠杆,通过实行产业"水平分工"模式,增强对周边地区的辐射带动作用。

突出以人为本,提高人民生活质量。把以人为本贯彻到发展的全过程和各环节,做到发展为了人民、发展依靠人民、发展成果由人民共享。进一步抓好生态环境建设和保护,不断改善人民群众的生产生活条件。进一步加强精神文明建设,广泛开展内容丰富、形式多样的群众性文化活动,满足人民群众不断增长的精神文化需求。进一步做好新形势下的群众工作,加强和创新社会管理,化解社会矛盾,促进社会和谐。

[本文发表于《人民日报》(理论版)2011 年 6 月 17 日]

五、发展都市圈经济，促进增长方式转变

　　都市圈是在城市化、信息化和工业化进程中，区域经济发展到一定水平后，形成的以中心城市为主导、以城市等级体系为依托、以紧密经济联系为特征的经济社会高度一体化的经济体。都市圈是在市场经济规律的作用下形成的，它突破了行政区域的限制，是一个国家和地区经济社会的重要增长极。在开放竞争的条件下，都市圈广泛地参与国际经济分工，成为国际经济体系的一个重要环节。在经济增长方式转变的大背景下，都市圈经济以自身独特的经济理念，破解了粗放型经济增长中存在的诸多难题，从"中观经济"视角为经济增长方式转变提供了思路。

以中心城市为主导，由"大饼经济"向"圈域经济"转变

　　目前，由于城乡地域上的分割，国内一些大城市都存在"摊大饼"的现象——经济集聚度不高，周边城市发展受到抑制。如何分散中心大城市的功能，加速周围城镇的发展，将是我国城市经济发展需考虑的一个重要问题。大力发展都市圈经济，有助于促使我国城市经济由粗放型的"大饼经济"向集聚型的"圈域经济"转变，提高城市经济的集聚性。

　　"圈域经济"与"大饼经济"最大的区别在于以中心城市为主导的分工扩大化，即由原来的以城市为主体的分工体系，转变为以区域为主体的分工体系。以中心城市为主导，以城市等级体系为依托，在中心城市经济势能有效作用的范围内，逐步形成错落有致、优势互补的内部分工体系，这是都市圈综合竞争力的重要体现。以区域为主体的分工体系克服了以往以城市为主体的分工体系所不能克服的"小而全"的弊端，有利于形成规模经济效应。同时，都市圈内部良好的基础设施还大大降低了由于分工扩大化可能增加的交易成本，强化

了这种规模效应。

因此,以中心城市为主导的都市圈经济发展,将形成一种良性的"点—面—体"群体性竞争格局,推动区域经济增长模式不断转变。

以市场机制为导向,由"市长经济"向"市场经济"转变

在经济发展中,既要依靠"有形的手",也要依靠"无形的手",两者相辅相成,不可偏废。然而,在粗放型经济发展过程中,政府部门过度强调行政干预,忽视经济调控手段的使用,破坏了经济发展的规律,形成了"市长经济"现象。都市圈强调以市场机制为导向,引导资源要素在都市圈内部自由流动,实现资源优化配置,同时注重发挥政府作用,力求实现市场与政府的平衡。大力发展都市圈经济,有助于促使我国城市经济由注重行政干预的"市长经济"向尊重市场机制的"市场经济"转变。

行政区经济是"市长经济"形成的基础,而都市圈突破了以往行政区域的限制,以市场经济为导向,力求市场机制在资源配置中发挥决定性作用,追求都市圈经济效益最大化。在都市圈经济发展的框架下,一方面,政府部门要充分发挥主观能动性,不断培育和完善市场机制,强化中心城市功能,扶持都市圈内成员城市的发展;另一方面,政府部门要加强都市圈行政制度建设,不断消除区域合作中的各种行政性障碍,以保证区域经济合作的有序化。

因此,都市圈经济以市场机制为导向,有利于避免政府过度干预导致的资源浪费,提高资源配置效率,形成一种都市圈内部资源有序、高效配置的良性格局,使区域经济增长效率得以保证。

以竞合机制为基础,由"局部利益"向"一体化经济"转变

在过去很长一个阶段,一些地方一味追求"局部利益",这是粗放型经济增长模式的重要特征。各城市之间在产业准入、资质认证、管理规范等方面设置人为阻碍,妨碍人流、物流、资金流、信息流的自由流动,甚至不惜在政策、资金、土地、税收等方面展开恶性竞争,形成"零和博弈"。而都市圈经济则在获

得群体竞争优势的同时,关注包括中心城市在内的所有成员城市的发展,以期获得都市圈全面、协调和可持续的发展。大力发展都市圈经济,有助于促使我国城市经济从寸土必争的"局部利益"经济形态向合纵连横的"一体化经济"转变,这种"协同式"发展有利于保证城际公平。

与追求"局部利益"相比,都市圈经济更倡导竞争合作机制。一方面,通过经济合作,获取分工协作的好处,使总体利益最大化;另一方面,通过经济竞争,保持城市经济的活力,不断提高经济效率。都市圈内各城市通过市场选择,扬其所长,避其所短,通过圈内的要素流动实行互补,充分利用各地有利的自然资源、经济条件和社会条件,消除不必要的重复建设,尽可能节约人、财、物的消耗。都市圈经济模式既不企望用行政推动型方式来实现合理的区域分工,也不靠损害一个城市的利益去增加另一个城市的利益,而是在充分尊重各地不同利益的基础上,通过利益协调和利益分享的机制使各地都能从区域合作中获得好处,创造出一种多赢局面。

因此,以竞合机制为基础的都市圈经济,打破了城市经济原有的地方割据状态,以利益关系为纽带,推进都市圈内部各城市的经济发展,形成了都市圈内部城市之间竞争合作的良好格局。

以广域集群为重点,由"同构经济"向"集群经济"转变

一直以来,"产业同构"现象都是困扰城市经济健康可持续发展的一个重要问题。虽然适度的产业结构趋同在一定阶段能助推经济发展,但是"产业同构"现象大范围出现,无疑是经济发展的严重阻碍。大力发展都市圈经济,有助于促使我国城市经济从低层次、大范围的"同构经济"向高层次、小范围的"产业链经济"转变,促进区域经济可持续发展。

广域产业集群是指基于产业内部联系,在都市圈内部具有竞争合作关系的主体间形成的结构相对稳定、合作较为紧密、布局相对松散的产业集聚体。广域产业集群经济现象是在市场机制的作用下产生的,是分工扩大化的重要表现形式。与传统的产业集群相异,广域产业集群并不强调地理上的集聚,它

更多强调在都市圈视角下,建立一种基于城市之间竞争与合作关系的产业联系,加强城市之间合作的广度和深度。广域产业集群推动了都市圈内部的"强分工",并与都市圈之间的"弱分工"相结合,共同形成了都市圈层次的"产业集群",避免出现一般意义上的"产业同构"现象。

因此,在全国范围内着力打造若干大都市圈,在各大都市圈内部以广域集群为重点构建完善的分工体系,在大都市圈之间设立相似的产业体系,必将改善全国范围内的产业布局和分工格局,实现国民经济全面、协调、可持续发展。

［本文发表于《重庆日报》(思想版)2015 年 1 月 22 日］

六、都市圈是"一带一路"战略实施的重要载体

2015 年 3 月,国家发改委、外交部、商务部联合发布了《推动共建丝绸之路经济带和 21 世纪海上丝绸之路的愿景与行动》,这标志着"一带一路"战略正式实施。在我国新型城镇化的大背景下,都市圈以其独有的特点和属性,成为"一带一路"战略实施的重要载体。

战略背景:以群体性竞争优势参与国际竞争

"一带一路"战略是对于当前国际经济社会文化形势的积极回应,较好地顺应了国际社会积极发展趋势,旨在通过构建更大的发展平台,为我国经济发展创造更为广阔的发展空间。

都市圈通过中心城市的集聚和辐射效应,将周边城市有效地组织起来,成为一个有组织、有效率的有机整体,形成群体性的竞争优势。一方面,圈域内的资源空间优化配置,从而获得圈域经济的高效率增长;另一方面,各圈域之间的资源空间优化配置,以促进整个国民经济协调发展,从而取得较高的综合经济效益。都市圈既是城市和区域经济演进的必然产物,又是群体竞争时代的客观要求,也是重塑区际分工与协作的重要手段。都市圈内部城市联动发展,有利于增强其国际竞争能力,积极参与国际分工和国际竞争,进而保障中国经济的可持续发展。

资源配置:充分发挥企业资源配置主体作用

"一带一路"战略的实施,使得资源要素的配置已经远远超越了"本地""本国"的范畴,成为国际化资源配置的代名词,这对于优化资源配置、推动区域合作,都具有重要的战略意义。

　　都市圈经济合作要以市场机制为基础性的协调力量,通过强化市场的资源配置功能来扩展地区合作秩序,深化区域分工体系。都市圈经济模式是分工扩大化的结果,即是由原来的以城市为主体的分工体系转变为以区域为主体的分工体系的产物。随着城市经济的发展,既有的分工体系已经不能满足经济发展的需要,而扩大化的以区域为主体的分工体系则克服了以城市为主体的分工体系所不能克服的"小而全"的弊端,并且带来了规模经济效应。分工扩大化要求都市圈经济必须以市场机制为导向,引导资源要素在都市圈内部自由流动,实现资源优化配置。更为重要的是,尊重市场力量,要重视发挥企业的力量。随着企业规模不断扩大,交通设施不断改进,加上信息时代、知识经济时代的来临,企业对市场空间的需求越来越大,它们必将突出重围,寻找新的发展空间。政府应该主动打破地区封锁坚冰,破除行政垄断,为企业的跨地区经营创造平等通畅的竞争环境,使企业能在区域整合中发挥主力军的作用。

圈层发展:强化支撑体系的一体化整合作用

　　"一带一路"旨在通过构建有效的支撑体系,使亚欧非大陆及附近海洋沿线各国能够形成一个有效的整体,为各国经济的可持续发展创造良好的外部条件。

　　都市圈的建设注重中心城市和周边城市的建设,充分发挥中心城市"自上而下"的带动与辐射作用,调动周边城市的积极性,产生"自下而上"的呼应与能动作用,从而使都市圈内各城市之间普遍建立起了密切的分工与协作体系,形成圈层结构,共同发展。同时,都市圈内城际经济联系强度是衡量都市圈经济效应发挥的重要指标,而城际经济联系的强弱则取决于都市圈支撑体系。都市圈支撑体系区别于一般意义的基础设施建设,涵盖的范围更广,针对性更强,大致可以将都市圈支撑体系划分为三个层次,即公共服务体系、企业服务体系和个人服务体系。因此,都市圈支撑体系建设,既要重视道路等基础设施建设,也要重视通信、电信、资源、环境等方面的基础设施建设;既要重视硬件设施的建设,也要重视软件设施建设;既要注重公共产品的提供,也要注意服务质量的提高;既要重视为企业服务,也要重视为个人服务。这与《推动共建丝绸之路经济带和 21 世纪海上丝绸之路的愿景与行动》中提出的构建全方位、多层次、复合型的互联互通网络具有异曲同工之妙。

合作共赢:以竞合机制不断推动发展协同化

"一带一路"建设的重要原则,即一要坚持开放合作原则,二要坚持和谐包容原则,三要坚持互利共赢原则。力图通过整合国际社会的根本利益,彰显人类社会共同理想和美好追求,是国际合作以及全球治理新模式的积极探索。

合作共赢、发展协同化也是都市圈经济模式的重要特点。所谓发展协同化是指都市圈以中心城市为核心,通过经济辐射和经济吸引,带动周围城市和农村联动发展,以形成一体化的生产和流通经济网络。都市圈所强调的"竞争与合作,以合作为主"的理念,已成为重塑新型区域关系和城乡关系的关键。都市圈强化不同城市之间的合作,使区域空间整体协调发展,实现共同发展。国外经验表明,都市圈主要借助管理上的整合,以综合化、多样化、均衡化发展为原则,建设新城镇,完善区域性基础设施,以达到人口、工业、基础设施等要素郊区化的目的,实现中心城市的有序扩散,引导和促进区域整体有序开发。都市圈内部的城市依靠彼此间紧密的经济联系,作为一个整体参与国际、国内的竞争,从而可以增强自身的竞争力。

[本文发表于《重庆日报》(思想版)2015 年 5 月 7 日]

七、以有效制度供给推动协调发展

协调发展是党的十八届五中全会提出的五大发展理念之一。坚持和实施协调发展理念,是我国经济新常态背景下释放发展动力的需要,是实现经济增长方式转变与自主创新的需要,也是加快建设创新型国家和全面建成小康社会的需要。在全球经济总体下行、我国经济发展整体进入新常态的大背景下,坚持协调发展理念,实现全面协调可持续发展,具有十分重要的战略意义。

国内外发展实践表明,在经济社会发展中,制度供给至关重要,对国家或者地区的发展发挥着重要作用,有效的制度供给是实现经济社会协调发展的基础和前提。当制度缺位或无法实现有效供给时,市场机制难以实现资源要素的有效配置,而市场失灵和政府失灵的共同作用会导致经济社会发展的制度失衡,引发区域经济发展失衡、城乡发展失衡、经济与社会发展失衡、资源环境与经济发展失衡等等。要实现协调发展,完善相关配套制度是关键,唯有提供有效的制度才能实现平衡、协调发展。"十三五"期间,应当加快建设和完善制度体系,形成有效的制度供给,为实现协调发展提供强有力的制度保障。

完善区域协调发展制度

邓小平同志在 1988 年提出了"两个大局"的战略思想,为我国实施平衡发展战略打下了基础。然而,尽管我国为了解决地区发展差距不断扩大的问题实施了西部大开发、东北振兴、中部崛起、东北率先发展等区域发展战略,但是仍然未从根本上缓解和缩小区域发展差距。究其缘由,在于我国区域协调发展制度仍然有待完善,在区域协调上仍然没有形成有效的制度约束和保障。因此,在"十三五"期间,一方面要通过完善区域协调发展制度,缓解区域经济发展中的"回波效应"和"极化效应",使资源要素能够实现区域间合理布局;另一方面,要与时俱进,对发达地区和后进地区提供与其发展阶段相适应的制度安排,并通过有效的制度供给建立和完善区域间协同发展机制,使其能够发挥自身的比较优势,推动区域间实现合理分工和协作。

完善城乡一体化发展制度

我国城乡二元结构的局面并未发生改变,"十三五"期间仍然是我国经济社会协调发展的关键所在。就城乡发展差距的由来而言,制度供给的不对称成为最主要的原因。目前,我国农村基础设施、社会保障、公共服务等方面的财政转移支付制度仍未确立,户籍、土地等根本性的制度改革缺位,更为严重的是,我国城乡一体化发展的相关制度缺乏系统性安排,部门之间难以协调,难以从根本上缓解和消除业已固化的城乡二元社会结构对城乡一体化发展的不利影响。因此,在"十三五"期间,要通过政策创新,努力解放和发展农村社会生产力,改善和提高广大农民群众生活水平,加快形成以工促农、以城带乡、工农互惠、城乡一体的工农城乡关系。要加大对基础设施和公共服务设施的财政性投资和转移支付力度,通过有效的制度供给促进城乡协调发展,加快欠发达地区发展,积极推进城乡发展一体化和城乡基本公共服务均等化。同时,要增强对技术教育的扶持,培养专业化人才,推动农村现代化建设,优化资源配置,实现城乡一体化协调发展。

完善经济发展与资源环境协调发展机制

经济发展与资源环境协调发展,是协调发展的应有之义,也是人与自然协调发展的重要内容。2015 年 6 月,习近平总书记在贵州调研时强调,要协调推进"四个全面"战略布局,守住发展和生态两条底线,培植后发优势,奋力后发赶超,走出一条有别于东部、不同于西部其他省份的发展新路。我国资源与环境压力相当巨大,建设环境友好、资源节约型社会任重而道远,经济增长方式转变也将贯穿整个"十三五"乃至更长的时期。因此,必须通过推动制度创新,不断完善经济发展与资源环境协调发展机制,借此实现协调发展、可持续发展。其一,要创新资源产权制度,例如,通过完善农村土地、林地承包经营权制度,赋予承包经营权物权化,给予承包经营权更强的产权保护等,进而实现森林、土地资源的有效保护;其二,要通过政府与市场双层机制应对外部性问题,既要通过政府部门资金、技术、服务等方式的补偿,对因禁伐令和退耕还林而产生的正外部性给予奖励和补偿,又要积极运用市场化的手段,例如,建立碳汇交易制度,对环境污染进行有力的回应,提高环境治理的效率;其三,针对资源状况及其环境影响实施不同的制度,例如,对相对紧缺的水资源可以实施总量分配,对不利于环保的产品要从需求的环节来有效地抑制供给等。

探索发展文化生产力的新制度

精神文明和物质文明同样重要,要坚持"两手抓、两手都要硬",要以辩证的、全面的视角看待物质文明和精神文明之间的关系。文化在发展过程中有其特殊的规律性,继承和发展社会主义先进文化,深化文化体制改革,是推动实现中国伟大复兴的基础。我国的经济总量跃居世界第二,经济增速虽然有所放缓但仍然领跑全球,物质极大丰富。我国博大精深的传统文化是我国经济高速发展的原动力,然而,目前我国的传统文化遗失严重,改革开放大潮迎来了西方文化和思想的全面"入侵",保护我国璀璨的传统文化果实,促使物质文明与精神文明协调发展是新时期的重要课题。当前,全面建成小康社会已进入关键阶段,因此必须坚定、自觉地推动"两个文明"协调发展,增强文化自信、文化自觉,将满足群众需求与提高群众素质结合起来,将服务人民与引导群众结合起来,努力实现"文化小康"。同时,要主动适应经济社会发展变化,努力探索有利于解放和发展文化生产力的新制度和新举措,加快文化机制等方面的创新步伐,为物质文明建设保驾护航。

通过制度创新实现短期与中长期的协调发展

要坚持协调发展,还必须正确处理短期利益和长期利益的关系,从而实现短期与中长期的协调发展。然而,原有的考核制度往往诱使政策制定者更多

163

地追求短期利益而影响或者忽视中长期利益。为了刺激投资、拉动经济增长而实施的积极财政政策,大部分应用于基础设施建设,应当说这是有利于中长期的经济发展。但是,短期的、过度的经济刺激,可能进一步加深我国投资与消费比例的失调,从长期来看蕴含着由于最终消费不足导致的中长期经济增长受阻的风险。为了实现短期和中长期的协调发展,必须从存量和增量两个方面增加有效制度供给。一方面,对于现存发展的短板,通过有效制度供给实现赶超,如对扶贫短板应加大转移支付,实施精准扶贫,提高农村贫困人口生活水平,缩小贫富差距,满足短期发展的需要;另一方面,对于发展中的增量部分,通过制度创新打破地区封锁和利益藩篱,全面提高资源配置效率,并重点服务于中长期发展。

[本文发表于《重庆日报》(思想版)2015 年 11 月 27 日]

参考文献

[1]仇方道,刘继斌,唐晓丹,等.徐州都市圈工业结构转型及其影响效应分析[J].地理科学,2016,05:1-11.

[2]刘涛.都市圈背景下上海市轨道交通网络规划理念的转变与发展[J].交通运输研究,2016,02:1-5.

[3]卢中辉,余斌,刘传明,等.都市圈边缘城市经济联系格局及发展策略研究[J].长江流域资源与环境,2016,03:365-374.

[4]谢茂拾.长三角都市圈劳动力空间分布演化轨迹特征及其调适策略[J].湖南社会科学,2015,06:131-138.

[5]郭逸雄,黄超,李云鹏.东京都市圈对京津冀旅游一体化的启示[J].城市管理与科技,2016,01:72-75.

[6]仇方道,刘继斌,朱传耿,等.徐州都市圈服务业空间极化特征[J].经济地理,2016,02:109-116.

[7]孙相军.深莞惠都市圈道路网一体化发展对策研究[J].综合运输,2016,03:13-15,35.

[8]何仲禹,翟国方.业务核都市与东京都市圈空间结构优化[J].国际城市规划,2016,01:46-52.

[9]贾琦,运迎霞.京津冀都市圈城镇化质量测度及区域差异分析[J].干旱区资源与环境,2015,03:8-12.

[10]汪德根,牛玉,陈田,等.高铁驱动下大尺度区域都市圈旅游空间结构

优化——以京沪高铁为例[J].资源科学,2015,03:581-592.

[11]汪德根,章鋆.高速铁路对长三角地区都市圈可达性影响[J].经济地理,2015,02:54-61,53.

[12]安锦,薛继亮.基于产业视角的京津冀都市圈人口有序转移研究[J].中央财经大学学报,2015,02:83-89.

[13]俞涵.都市圈空间结构特征对经济效率的影响——基于我国8大都市圈的检验[J].商业经济研究,2015,09:138-140.

[14]杨煜.创新型都市圈发展困境与治理机制研究[J].科技进步与对策,2015,08:35-39.

[15]杨宇,赵伟.都市圈跨辖区公共产品供给模式比较研究[J].地方财政研究,2015,04:33-37.

[16]宋晓媚,周忠学,冯海建.城市化过程中西安都市圈都市农业结构时空变化特征[J].中国沙漠,2015,04:1096-1102.

[17]宋妙,李健,海德俊,等.基于空间网络分析的区域交通模式比较:以上海都市圈为例[J].综合运输,2015,06:70-76.

[18]王兴平,朱凯.都市圈创新空间:类型、格局与演化研究——以南京都市圈为例[J].城市发展研究,2015,07:8-15.

[19]何鹏,王桐远.基于改进型支持向量回归的都市圈货运量预测研究[J].世界科技研究与发展,2015,04:390-394,421.

[20]张雁,张馨方.论高铁对都市圈社会生活方式的影响[J].商业经济研究,2015,18:60-61.

[21]寇俊,黄靖宇,顾保南.东京都市圈郊区圈层轨道交通供需特征分析及其对上海的启示[J].城市轨道交通研究,2015,09:4-8.

[22]崔晶.京津冀都市圈地方政府协作治理的社会网络分析[J].公共管理与政策评论,2015,03:35-46.

[23]杨攀,王兴平.都市圈内国家大学科技园的空间运行模式研究——对南京都市圈的实证[J].规划师,2015,11:104-109.

[24]顾金华.中心城市政治地位对城市圈集聚效应的影响[D].南京大学,2015.

[25]耿文红.济南都市圈一体化的空间经济联系研究[D].山东财经大学,2015.

[26]陈云霞.成渝城市群形成的动力机制研究[D].兰州商学院,2013.

[27]陈巍.成渝城市群战略定位研究[A]//中国城市规划学会.城市时代,协同规划——2013中国城市规划年会论文集(10-区域规划与城市经济)[C].中国城市规划学会,2013:11.

[28]陈翔云.快速轨道交通与都市圈发展相互关系研究[D].长安大学,2005.

[29]崔玉娟.城际铁路速度目标值研究[J].科技信息,2010,08:733-734.

[30]丁湘城,何波.成渝经济区区域发展的若干问题探讨[J].理论与改革,2008,06:146-149.

[31]董丽娃,李增刚.新型城镇化进程中农民土地权益保障制度的构建[J].制度经济学研究,2014,03:195-214.

[32]单德朋.川渝城市群工业结构关系合意性分析[J].四川理工学院学报(社会科学版),2011,05:90-95.

[33]戴宾.成渝经济区与成渝城市集群、成内渝经济带[J].重庆工商大学学报(西部论坛),2005,06:23-26.

[34]房新智.成渝城市群城际轨道交通线网规划研究[D].西南交通大学,2009.

[35]丰伟.《基于成渝城市群的成都对外交通发展研究》通过专家组评审[J].学术动态,2007,02:38-39.

[36]高红丽.成渝城市群城市综合承载力评价研究[D].西南大学,2011.

[37]高汝熹.大上海都市圈[M].上海:上海社会科学院出版社,2004.

[38]郭艳玲.都市圈连接道路功能分类与功能实现[D].长安大学,2009.

[39]甘超.成渝城市群城际铁路网布局规划研究[D].西南交通大学,

2012.

[40]谷继建,何独明.成渝二级城市群与城乡统筹改革的策略[J].改革与开放,2009,01:9-10.

[41]何独明,谷继建.中国区域经济第四极——成渝二级城市群的构建与城乡统筹改革策略[J].农业现代化研究,2009,03:257-261.

[42]何雄浪,杨继瑞.成渝经济区:比较优势、发展不足与治理对策研究[J].西华大学学报(哲学社会科学版),2009(6).

[43]何雄浪,朱旭光.成渝经济区产业结构调整与经济发展研究[J].软科学,2010(6).

[44]黄冬,王渡生.打破行政区划藩篱——"成渝经济区"力创中国第四增长极[J].中国经济周刊,2007(14).

[45]黄成杰.成渝经济带的形成和发展研究[D].西南交通大学,2010.

[46]黄昌丽.基于成渝经济区的四川"一极一轴一区块"发展战略研究[D].西南交通大学,2011.

[47]黄瓴,肖洪未,谭少华.基于区位商法的成渝城市核心竞争力评价研究[J].重庆大学学报(社会科学版),2011,02:34-40.

[48]黄俊.城市群发展历程对比研究分析[D].西南财经大学,2011.

[49]焕力.成渝经济区视野下的川南城市群发展[J].城市,2009,10:15-19.

[50]刘世庆.成渝经济区建设研究——川渝毗邻地区的发展差距与合作策略[J].经济体制改革,2008(1).

[51]李海燕,胡碧玉.成渝经济区建设组团式城市群的可行性分析[J].四川职业技术学院学报,2011,02:20-22.

[52]李和平,谭敏.城镇密集区城镇空间协调发展的规划对策——以成渝城镇密集区为例[J].南方建筑,2010,04:59-64.

[53]李春艳.论成渝城市经济带建设及其发展措施[D].西南财经大学,2005.

[54]李敏.成渝城市群空间结构演化及分形研究[D].重庆大学,2011.

[55]李刚,周加来.共生理论视角下的区域合作研究——以成渝综合试验区为例[J].兰州商学院学报,2008(3).

[56]李浩.都市圈落自然演化规律初探[D].重庆大学,2008.

[57]李敏.成渝城市群空间结构演化及分形研究[D].重庆大学,2011.

[58]李光勤,张明举,刘衍桥.基于城市流视角的成渝经济区城市群空间联系[J].重庆工商大学学报(西部论坛),2006,04:29-33.

[59]李光勤.成渝经济区城市群空间结构研究[D].西南大学,2007.

[60]李钒,侯远志."关中城市群"发展的现状、问题及对策——基于"关中城市群"与"川渝城市群"的对比分析[J].经济与管理,2008,08:16-19.

[61]李春艳.论成渝城市经济带建设及其发展措施[J].科技情报开发与经济,2005,23:78-80.

[62]刘朝明,韩斌.成渝过渡带城市群的集聚与扩散能力研究[J].当代经济,2006,12:17-19.

[63]刘通.加快川渝城市群经济发展的若干思考[J].中国经贸导刊,2007,03:48-49.

[64]刘晓鹰,王亚清.基于"椭圆城市群"的成渝经济区城乡统筹发展研究[J].重庆工商大学学报(西部论坛),2008,02:6-11,54.

[65]罗洪群,肖丹.产业集聚支撑的川渝城市群发展研究[J].软科学,2008,12:102-105.

[66]罗跃.对接规划的都市圈空间自组织发展稳定性研究[D].重庆大学,2010.

[67]罗文健,王斌.成渝城市群人才一体化建设的困境及对策[J].中国人力资源开发,2013,13:92-96.

[68]马永俊,胡希军.都市圈的共生发展研究——以浙中金华都市圈为例[J].经济地理,2006,02:237-240.

[69]孟奇.以成渝城镇密集区为基础构建四川核心经济区[J].经济体制改革,1996,06:6-11.

[70]孟凌,任蓉.论南充在"成渝椭圆城市群"中的定位[J].资源与人居环境,2009,22:68-71.

[71]卿成.成渝城市群整合发展中的社会流动研究[J].中共四川省委党校学报,2010,04:79-83.

[72]邱建.天府新区的设立背景、选址论证与规划定位[J].四川建筑,2013,01:4-6,9.

[73]裘丽岚.基于波士顿矩阵及应用法则分析川渝城市群的战略发展[J].河北科技大学学报,2010,01:74-80.

[74]孙继琼.成渝经济区城市体系规模结构实证[J].经济地理,2006,06:957-960.

[75]孙继琼.成渝经济区城市体系特征与城市体系优化战略研究[D].四川大学,2006.

[76]孙健韬.高速铁路对区域经济的影响分析[D].北京交通大学,2012.

[77]孙静.成渝都市圈区域中心城市建设研究[D].西南大学,2009.

[78]石琳娜,王登洋.成渝城市圈的辐射效应研究[J].特区经济,2011,05:212-213.

[79]尚勇敏,何多兴,杨雯婷,等.成渝城市土地利用综合效益评价[J].西南师范大学学报(自然科学版),2011,04:223-229.

[80]谭敏.成渝城镇密集区空间集约发展综合协调论[D].重庆大学,2011.

[81]谭敏,李和平.城镇密集区集约发展的空间选择与规划对策——以成渝城镇密集区为例[J].城市规划学刊,2010,05:111-117.

[82]陶然.成渝经济区铁路发展研究[D].昆明理工大学,2010.

[83]王骏,邹海红.川渝经济区的特殊性、复杂性及其构建思路[J].探索,2008(6).

[84]王崇举.对成渝经济区产业协同的思考[J].重庆工商大学学报(西部论坛),2008(2).

[85]王海芬.关于推进成渝经济区产业融合的思考[J].商场现代化,2010(14).

[86]王兴中.空间集聚经济与西部城镇密集区的发展[D].广西师范大学,2003.

[87]王凤学.中国高速铁路对区域经济发展影响研究[D].吉林大学,2012.

[88]王静,向伦刚.打造小城镇集群 助推成渝城市群建设[N].重庆日报,2014-11-20.

[89]王光雄.浅谈西部城市群空间结构发展研究——以成渝城市群为例[J].华中建筑,2014,01:129-132.

[90]王如渊,李俊雅.川渝城市群主要城市工业职能及其演变[J].西华师范大学学报(自然科学版),2009,04:408-419.

[91]吴晓隽,高汝熹.长三角都市圈发展广域产业集群的构想[J].学习与实践,2007,08:30-37.

[92]吴宏放.成渝经济区视域中的攀西城市群建设[J].攀枝花科技与信息,2011,03:1-10.

[93]伍业春.武广高速铁路对沿线城市体系发展的影响研究[D].西南交通大学,2009.

[94]熊崂.成渝经济区城市网络化发展研究[D].重庆工商大学,2012.

[95]徐承红.成渝经济区的因由及其面临的现实问题[J].改革,2010(3).

[96]徐承红,刘攀.成渝经济区区域协调发展之路[J].电子科技大学学报(社科版),2007(5).

[97]邢帆.成渝城市群的悄然进发[J].中国信息化,2014,Z1:18-19.

[98]肖红艳.成渝经济区重庆地区重点产业发展战略生态影响评价研究[D].重庆大学,2011.

[99]殷贤华.共建成渝城市群 探索科学发展的西部城镇化道路[J].决策导刊,2014,02:18-21.

[100]于涛方,丁睿,潘振,等.成渝地区城市化格局与过程[J].城市与区域规划研究,2008,02:65-93.

[101]余长惠.成渝经济区地方政府合作探析[J].长江师范学院学报,2010(2).

[102]袁安贵.成渝城市群经济空间发展研究[D].西南财经大学,2008.

[103]杨娟.成渝城市竞争力的分项排名及其启示[J].技术与市场,2005,05:57-58.

[104]杨莎莎.川渝城市群城市综合发展水平非均衡差异研究[J].市场论坛,2011,07:17-19.

[105]杨顺湘.成渝合作共谋统筹城乡的机制及制度安排——政治关系新视角论区域政府合作[J].理论与改革,2007(6).

[106]杨顺湘.论川渝政府合作助推统筹城乡发展——科学发展、和谐社会新视角[J].重庆大学学报(社会科学版),2008(2).

[107]杨勇.都市圈与其他区域经济模式的辨析[N].光明日报(理论版),2009-08-10.

[108]袁彦峰,杨绪萍.加强成渝经济区区域经济合作的战略思路[J].经营管理者,2010(8).

[109]尹强.城镇密集地区的发展及其规划[D].清华大学,1999.

[110]曾鹏,阙菲菲.川渝城市群形成和发展的空间变化规律[J].经济地理,2010,05:744-750,783.

[111]曾智洪.成渝城市发展与区域治理模式研究[D].重庆大学,2006.

[112]赵涛涛,张明举.成渝城市群城市综合竞争力比较分析[J].小城镇建设,2007,11:38-41.

[113]赵长江.都市圈城际轨道交通线网规划理论与应用研究[D].中国铁道科学研究院,2009.

[114]赵驹.成渝城市群特征及发展对策思考[J].探索,2013,03:102-105.

[115]张俊.成渝城镇密集区建设与西部大开发[J].城市规划汇刊,2000,04:17-20,79.

[116]张军华.都市圈连接道路交通设计技术研究[D].长安大学,2009.

[117]张霞.成渝经济区一体化进程中的科技人力资源聚集研究[J].现代人才,2010(2).

[118]张江余.成渝城市群综合交通运输——经济复合系统研究[D].西南交通大学,2010.

[119]张婷,张恒.发展成渝城市群的战略思考[J].广东农业科学,2010,04:383-385,389.

[120]张学辉,王如渊,郭丽娟.基于有效时间距离的城市相互作用模型及其应用——以川渝城市群为例[J].西华师范大学学报(自然科学版),2010,02:183-191.

[121]张莉敏.成渝城市群重点城市功能定位优化研究[D].重庆工商大学,2009.

[122]张江余.成渝城市群综合交通运输——经济复合系统研究[D].西南交通大学,2010.

[123]周斌.区域一体化视角下成渝城市群协调发展研究[D].浙江大学,2010.

[124]周斌.区域一体化视角下成渝城市群协调发展研究[D].浙江大学,2010.

[125]于楠.我国区域经济规划现状及成渝经济区发展远景——基于"十一五"时期区域发展的回顾[J].西南金融,2010(6).

[126]钟敦慧,张明举.共建成渝经济区政策措施保障研究[J].经济体制改革,2008(4).

[127]钟海燕.成渝城市群研究[D].四川大学,2006.

[128]祝志勇.以城市发展新区为纽带 加快成渝城市群及经济区建设[N].重庆日报,2013-11-18.